JN410260

있는 그대로의 너

김영경 수필집

있는 그대로의 너

김영경 수필집

1판 1쇄 인쇄/ 2017년 4월 25일
1판 1쇄 발행/ 2017년 5월 1일

지은이 / 김 영 경
펴낸이 / 우 희 정
펴낸곳 / 도서출판 소소리

등록 / 제300-2007-21호
주소 / 03073 서울 종로구 성균관로 5길 39-16
전화 / 765-5663, 010-4265-5663
e-mail: sosori39@hanmail.net
www.sosori.net

값 12,000 원

*잘못된 책은 바꿔드립니다.

ISBN 979-11-5891-073-0 03810

김영경 수필집

있는 그대로의 너

책을 내면서

왜 나는 호랑이가 되었나

독일 사람들의 성격을 보통 건실함과 완벽주의로 표현한다. 독일 유학생활 동안 많이 듣던 말이 생각난다. 'Ich will— Ich muss— Ich kann' 즉 '나는 하고 싶다', '나는 해야 한다', '나는 할 수 있다.' 이 세 마디다. 음악공부는 기초를 연마하는 것이 우선이기 때문에 연습과정이 필수다. 연습에 지쳤을 때, 목표를 잃고 방황하며 좌절했을 때, 군인이 깃발 들고 진군하며 군가를 소리 높여 부르듯 이 세 마디가 나를 일으켜 세우는 깃발이었다. 이렇듯 경직되고 긴장된 분위기는 서서히 나의 몸속에 스며들었나 보다.

어렸을 적 혼자 놀면서도 외로움을 모르는 아이였다. 성냥개비를 가지고 집을 쌓아올리고 무너지면 다시 쌓아올렸다. 그것도 안 되면 가위로 색종이를 오려 빨갛고 노란 치마저고리를 입혀 우뚝 세워 놓고 좋아했다. 이 놀이는 초등학교 진학과 함께 피아노라는 악기로 대체되어 미래를 향한 단련의 길로 접어들게 되었다.

어머니의 발자국소리에 놀라 화장실로 향하던 행위는 잠시나마 지겨운 연습을 피해보자는 나의 얄팍한 계산이었다. 어머니와의 숨바꼭질은 이렇게 이어졌다. 5학년 학년말 성적표가 어머니 손에 넘겨졌을 때는 달리 무어라 표현할 수 없는 공포의 순간이었다. 나는 오빠 같은 수재도 아니고 동생처럼 똑똑하지도 않았다. 어머니가 성적표를 들고 아무 말 없이 의자에 앉아계실 때 그 내리누르는 무게를 이기지 못해 눈과 손끝을 움직여 끝없이 열 지은 카펫의 무늬를 숨죽여 따라 가며 불안한 시간이 지나가기만을 기다렸다. 드디어 어머니의 일성이 귀에 들어왔다.

"이제 6학년이 되면 피아노 연습을 쉬자. 중학교도 가야하니까."

내 귀를 의심했다. 그 후 나는 1년이 쉽게 넘어갈 줄 알았다. 공부는 역시 내 체질이 아니었던 것 같다. 다행히 중학교에 입학하면서 인생의 한 고비를 넘게 됐다.

세월이 지나 갈고 닦은 기술을 제자들에게 전수해야할 위치에서 있는 선생으로 인생패턴이 바뀌었다. 시집살이 한 사람이 시집살이 시킨다고 했던가. 제자들 닦달하는 일로 매일이 바쁜 나날이었다. 내가 모르는 사이 나는 연희동의 호랑이 선생으로 등장하게 됐고, 그때 얻은 명예로운(!) 훈장은 상처가 되어 많은 후회와 참회의 심정으로 자신을 자책하며 반성하기 시작했다.

내가 따뜻한 선생이었다면 얼마나 좋았을까. 제자들에 대한 미안함이 넘쳐흐른다. 일상생활에서도 따뜻한 엄마, 따뜻한 아내가 되지 못한 점이 평생 회한으로 남을 것 같다. 나는 왜 순둥이 어린 양에서 호랑이가 되었을까?

가끔은 어머니가 기분이 나쁘신가? 그래서 나한테 화풀이를 하시나? 생각하며 연습을 강요당한다는 강한 반항심을 키우기도 했다. 어머니 없이 지금 내가 있을까? 뼈와 살을 내 몸에 붙여주신 분이 어머니였다는 것, 지금 와서 뼈저리게 깨닫는다. 내가 드릴 것은 이 얇은 책 한 권뿐이다. "어머니 죄송합니다."

나의 첫 수필집에 아름다운 채색을 입혀준 일러스트 막내딸의 솜씨가 자랑스럽다. 나를 양옆에서 지켜주고 힘이 되어주는 큰딸 기선과 아들 기철에게 너무 부끄러운 글이 아니기를 바랄 뿐이다. 남편과는 앞으로 늘그막까지 건강하게 재미있게 살기만을 그리고 싶다.

2017년 4월

저자 **김영경**

▸차 례

▸책을 내면서

1. 무대를 내려와서

푸른 달, 붉은 달 —· 15
개미와 선생님 —· 20
무대를 내려와서 —· 24
고독에서 피어난 예술 —· 29
숲길에서 듣는 소리 —· 34
소통의 시간 —· 39
솔로의 눈물 —· 43
3일 간의 일탈 —· 48

2. 가을을 보내며

가을을 보내며 —·57
피아노, 나의 산 증인 —·61
갈매기와 숲의 정기 —·65
구름과 동행한 스위스 여행 —·70
굽이치며 합류하다 —·75
나의 어머니 —·81
반려동물의 상실 —·84
산책길에서 —·88

3. 더 늦기 전에

네 손의 속삭임 — · 93
쉰 번의 봄은 너무 짧구나 — · 97
더 늦기 전에 — · 101
마음으로 듣는 음악 — · 105
딸에게 보내는 편지 — · 110
명품과 품격 — · 116
어머니의 꿈 — · 121
어머니께 올리는 글 — · 125
아침 해를 바라보며 — · 128

4. 웃음의 힘

어느새 '메모로'의 주역이 되어 —· 135
예술의 끄트머리 한 자락을 쥐고 —· 140
오해와 상처 —· 145
웃음의 힘 —· 150
조선족 자매 —· 155
통일의 희망 —· 160
행복의 의무 —· 165
목요수필반과의 만남 —· 169
등단 소회 —· 172

번 역

Converging Currents —· 178
My Hour on the Stage —· 186
My Mother's Dream —· 191

1.
무대를 내려와서

푸른 달, 붉은 달

우리나라 화단의 으뜸 거장이라고 하면 단연 김환기를 꼽을 수 있겠다. 칸을 치고 점을 찍는 그의 '점화'는 나이 60즈음 뉴욕시기에 시작 되었다. 조국강산에 떠있던 하늘의 총총한 별들, 또 두고 온 친구들을 무지개보다 환하게 선과 점으로 표현한다. 그리던 고향 신한 앞바다에 휜히 뜬 푸른 달은 흡사 백자 달항아리의 이미지를 떠올린다. 검푸른 고향바다 위에 뜬 푸른 달은 평생 그가 사랑한 조국이었을 것이다. 푸른 달의 간절한 그리움은 이렇게 예술로 빚어졌나 보다.

달은 밤을 밝혀주는 소중한 이웃이다. 지난 팔월 한가위 후에 꼭 한 달 만에 펼쳐진 '슈퍼문'의 달밤이다. 이번 보름달은 지구 뒤에 숨는 흔치 않은 우주쇼의 전 과정을 따라가 볼 수 있는 기회였다. 달이 지고 또 차는 자연의 순리를 지구인들이 밤하늘에 꾸며진 지붕 없는 미술관에서 하루저녁에 볼 수 있는 우주쇼다. 개기월식 즉 보통 한 달 동안 변하는 달의 모습을 3시간에 모두 볼 수 있는 '슈퍼문'의 등장이다.

눈앞에서 조금씩 잠식되어가며 스스로의 모습을 감추어가는 모습은 정말 없어지는 것은 아닌데도 아련한 아쉬움의 느낌을 준다. 스스로 빛을 발하지 못하는 달은 태양에서부터 오는 붉은 빛의 파장으로 인해 마치 어렴풋이 보이는 태양과 같은 낯선 빛을 띠고 있었다. 어두운 밤하늘에 붉은 색의 달은 생소하기까지 했다. 이 세상에 태어나서 처음 보는 달의 어슴푸레한 붉은 빛에는 따사로움조차 없는 신비스러움 그 자체였다. 내가 아는 달은 밝게 비추는 보름달, 아니면 옛 여인네의 눈썹 같다는 초승달, 혹은 그믐달이 고작이다. 그것도 느낌을 가지고 내 눈으로 실지로 오랫동안 그림을 감상하듯 보았던 슈퍼문은 첫 경험이다.

캄캄한 밤에 붉은 달은 그 크기가 점점 작아지더니 끝내 어둠 속으로 모습을 감추었다. 달의 일생이 끝난 것인가. 서서히 차고 올라와 얼굴을 드러낼 밤하늘을 바라보며 기다렸다. 기다림의 시간은 줄곧 기대와 설렘의 시간이었다. 어김없이 다시 차오를 달의 소리 없는 약속을 믿고 있었기 때문이었다.

드디어 달이 빛을 밝히며 높은 하늘에 반가운 얼굴을 드러냈다. 그 달은 내가 서 있는 한가운데로 고스란히 밝은 빛을 쏟아낸다. 마치 내 얼굴을 비추는 맑은 거울처럼 밝다. 누구에게나 비치는 달이고 누구라도 구경하는 달이지만 나에게만은 고운 이야기를 들려줄 것만 같았다. 푸른 물빛과도 같은 달빛이 지닌 시각적인 차가움에도 불구하고, 갖출 것 다 갖춘 충족한 상태를 보여주고 있었다. 기운 것이 차고 모자라는 것이 꽉 차오르는 충족감에 취해보는 순간이었다. 점차적인 우리 생명의 성장과도 다르지 않은 것 같다. 어린이에서 성장기를 거쳐 어른이 되고 장년에 다다르면 순차적으로 맞는 늙음은 이윽고 죽음으로 이어진다. 아마 그래서 인간은 기울고 다시 차는 달의 영원한 순환성에 그리움을 담고 있는지도 모르겠다. 태양과 달과 우주는 서로 쫓아다니며 영원히 따라잡을 수 없는 뜀질을 하고 있는 듯하다. 달은 우리에게 앞면만 보고 달리고 있기 때문에 그 이면에는 고독의 그림자를 드리우고 있는 건 아닐까 짐작해 보았다. 외로운 우리 인간의 내면과도 같은 운명을 지니고 있는 것 아닐까? 그렇게 본다면 인간도 홀로 걸어 천리, 달도 독행천리가 아니겠는가.

예부터 한 해의 시작은 음력의 정월 대보름이었는데 이는 대보름이 한 해를 밝히는 첫 만월이기 때문이다. 추석을 한가위라 부르는 것은 일 년 중 한가운데라 하여 정월 대보름과 마찬가지로 떡과 술을 빚어 순진한 마음과 정결한 몸으로 조상을 섬기고, 믿고 따르며, 숭배하여 받들기 위해 기도했다. 그릇마다 근심이나 걱정 대신 떡과 과일로 소망을 소복하게 담았고 달빛은 이 모든 것을 포용하고 기꺼이 받아들였다. 아낙들의 노랫가락은 달을 향한 애달픈 기원이 되었다. 보름달은 어둠을 몰아내는 밝음을, 그리고 더욱 좋은 세상을 기약하는 기원의 대상으로 숭상되었다. 둥글게 찼다 가도 기울고 기울었다 다시 차는 규칙과 질서는 어디로 갈지 모르는 인간사의 불안한 정서를 위로해 주는 무한한 믿음과 신뢰가 있다. 이렇듯 사람들은 달에서 위안을 받고 소망을 붙이고 살았나 보다. 소망이 희망이 되고 세상은 넓어지고 밝아짐을 믿었다. 달에는 정령이 있다고 믿어 특히 옛 여인들의 그리움이 사무친 노래가 있다.

저기 저기 저 달 속에 계수나무 박혔으니
옥도끼로 찍어내어 금도끼로 다듬어서
초가삼간 집을 짓고
양친부모 모셔다가 천년만년 살고 지고.

이렇듯 자신들의 이상향은 노래가 되었다. 달은 그 자태도 아름답지만 어둠을 밝혀주는 마음씨 고운 천사다. 밤길에도 서슴없이 기꺼이 동행에 나서준다. 기쁠 땐 같이 즐거운 잔치에 참여하여 흥을 돋우어 마음껏 회포를 풀어준다. 아낙이 두 손 모아 간절한 기도를 올리면 잔잔한 부드러운 손길로 조용히 어루만져 달래주기도 한다. 어둠을 밝히는 밤의 고마운 선녀와 같다. 찼던 달도 다시 기울지만 하루, 일주일, 한 달, 한 해는 매번 거듭하며 그 순환의 철학적 의미를 말해 주고 있는 듯하다. 달이 기울고 차는 반복은 또 하나의 시작을 의미하기도 한다. 다시 한 달을 새로운 마음으로 기다리며 달의 교훈 즉 기다림의 미덕을 새롭게 일깨워 주기 때문이다.

오늘의 우주쇼는 여러 과정을 마음속에 남기고 고요히 막을 내렸다.

개미와 선생님

초등학교 육학년 시절로 기억을 더듬어 본다. 어느 날 아침 교단에 올라선 담임선생님은 곧바로 분필로 흑판에 개미 십여 마리를 군데군데 그렸다. 그런 다음 개미들 위에 육중한 구둣발 한 짝을 덥석 얹어 놓았다. 그 순간 나는 움찔하며 불쌍한 개미들이 제각각 살려고 분주히 움직이고 있을 모습을 머릿속으로 그려 보았다. 구두 굽 밑에 허리가 반쯤 밟혀 있는 개미들이 빠져나오려고 애쓰는 모습이 몹시 안타까웠다. 구두 콧등 위에 올라앉은 운 좋은 녀석들도 더러 있었다. 구두창의 맨 중앙 아치 부분은 구두 뒷굽 때문에 생긴 공간이 있어 그 자리를 확보한 녀석들은 자신의 위험한 처지도 모르는 채 유유자적하고 있었다. 그 개미들을 보며 '아! 그럴 수도 있겠구나. 개미의 일생은 그런 것이겠구나. 내가 무심코 밟은 구둣발에 그 녀석들이 밟혀 죽을 수도 있었겠구나.' 하는 생각을 하며 어렴풋이나마 개미의 삶에 흥미를 가지며 한참 동안 관심을 잃지 않고 바라보았던 기억이 있다.

반세기가 훨씬 넘은 지금 내가 그때 그 교실을 떠올리는 이유는 담임선생님이 그린 흑판 위의 그림에 다시 한 번 고개를 끄덕이게 하는 강렬한 깨우침이 있기 때문이다. 나같이 굼뜨고 어리석은 사람이 그 그림을 잊지 않고 기억하리라고 선생님은 생각하지 못했을지도 모른다. 지금은 하늘나라에서 내려다보며 '너도 많은 세월을 살았구나' 하실 것만 같다. 선생님이 계신 높은 곳에서 내려다보이는 인간의 모습은 개미들과 많이 흡사할 것 같다는 생각을 해본다.

나는 운이 좋은 사람이라고 생각하며 산다. 내가 가진 것은 그리 많지 않다. 하지만 나의 부족한 재능을 살려 음악을 업으로 삼고 하루하루를 큰 욕심 없이 여기까지 살아왔다. 간혹 스쳐가는 불안은 있지만 이것 역시 내 마음속의 잡동사니로 털어내야 하는 부분이다. 개미들이 제 구실을 하느라고 커다란 짐을 지고 끙끙대는 소리를 듣고 있다. 그들은 어떤 위험이 닥칠지라도 묵묵히 견디며 불만은 모르는 듯하다. 운이 좋은 개미들은 그 나름 행복한 녀석들이다. 하지만 상처받고 위협을 느끼면서도 인내하며 단련의 시간을 이겨내는 개미들은 나에게 분명 가르침을 준다. '운명은 선택이 아니라 책임이라고, 끝내 책임져야 할 자기만의 몫'이라고. 더 이상 우는 소리 내지 않고, 기운차고 만족스레 열린 길로 세상을 걸어가라고 한다. 최선을 다하는 자신의 모습을 경주해 보라고 한다.

인간은 본질적으로 편해지고 싶어 하지만 편하기 만한 나날도 견딜 수 없지 않겠나. 마음속의 불평불만, 해결책 없는 걱정, 미래에 대한 고민, 인정받고 싶은 욕구, 지난날에 저질렀던 일에 대한 죄책감과 상처, 남의 인생에 대한 참견 등 온갖 부질없고 부정적인 생각들을 정리하는 일이 남았다. 이것 모두가 내가 세월을 살아오면서 흑판 위의 개미들의 삶을 떠올리며 깨우치는 지혜다.

지난 사월 초 일본 여행 중 우연히 초등학교 육학년 때의 친구를 만났다. 그 계기로 반 옛 친구들과 함께 선생님에 대한 그리움과 고마움을 이야기하는 시간도 가졌다. 유난히도 선생님의 귀여움을 독차지 했던 꼬마 봉자. 있는 듯 없는 듯 조용하기만 했던 나에게 늘 장난을 걸어오던 선생님. 반면 부주의로 저지른 실수나 게으름을 용서하지 않았고, 그 대가로 응당한 벌을 주던 엄한 선생님이기도 했다. 반에서 어떤 불미스러운 일이 일어났을 때면 대표로 대신 벌을 받던 반장. 그는 반 친구들의 절대적인 신뢰를 받았던 미래의 대학 교수 감이었다.

어린 꿈나무들 하나하나에게 희망의 물을 주며 평생을 몸 바쳐 온 선생님이다. 인생을 처음 시작하는 불확실하고 모호한 어린 학생에게 가르침을 주어 각자의 뇌리에 또렷이 각인시킨 선생님께 감사하고 사랑한다는 말 외에 달리 할 말이 없다. 삶의 크고 작은 시련 속에서 인생을 폭 넓게 바라볼 수 있는 희망의 바탕을 정신적 유산으로 물려주셨다. 잊을 수 없는 김태휴 선생님. 선생님과 같이했던 어렸을 적 그때가 무척 그립다.

삶에 대한 관대한 시선과 나이 듦에 대한 낙관적인 자세로 아직 남은 나의 인생 3악장을 고마운 마음으로 잘 마무리 할 것을 약속해 본다. 오늘은 스승의 날. 흑판에 그렸던 개미 십여 마리를 생각하며, 운명은 선택이 아니라 책임이라고 가르쳐 주신 선생님을 그리며 "선생님." 하고 크게 한번 외쳐 본다.

무대를 내려와서

음악회가 끝나고 일상으로 돌아온 지 석 달이 됐는데 벌써 옛날 일처럼 아득하기만 하다. 그날 느꼈던 떨림, 긴장감, 박수소리는 온데간데없고, 지금은 알 수 없는 그리움과 아쉬움이 내 곁에 머물러 있다. 70이 훌쩍 넘은 나이에 쉽게 가질 수 있는 용기는 아니었다. 간간이 무대에 서기는 했어도 애초에 전문 연주자는 아니어서 그 감회가 남다를 수밖에 없었다. 나이에 대한 부담을 떨쳐 버리고 당당하고자하는 굳은 마음으로 꾸민 무대였다.

무대 위에서 어떤 일이 일어나고 또 펼쳐지는가를 지켜보기 위해 홀 안은 웅성대는 청중들로 가득하다. 드디어 연주자를 향한 조명은 무대만을 비추고 객석은 침묵과 어둠에 싸인다. 이 무대는 청중과 함께 오로지 음악이라는 언어로 소통하는 자리이며 극도의 긴장감으로 시작할 수밖에 없는 숨 막히는 순간이다. 피아니스트에게 무대는 연습에 연습을 거쳐 자신의 전력을 다하는 자리이고, 그 자리에서 자신이 가진 전부가 표출된다는 사실은 조금의 과장도 없는 표현이다.

위대한 세기의 피아니스트 호로비츠마저도 긴장감을 못 이기고 등을 떠밀려 겨우 무대 위로 걸어 나갔다고 한다. 그러나 일단 무대에 서면 그는 예술이 감추고 있는 진실이 어떻게 표현되는가를 알려주는 전달자가 되어 자기 자신의 영혼을 쏟아 놓는다. 격렬함과 섬세함, 폭풍과 고요를 대비시키며 정교하고 시정이 넘치는 연주를 들려준다. 단순한 음표의 연주를 뛰어넘어 우리 인간의 희로애락을 소리로서 수놓는다. 그래서 그의 이름 앞에는 '위대한'이라는 수식어가 붙어 다니는 것이다.

연주자는 싸움터로 나가는 사람처럼 촉각을 곤두세우며 끝내 등을 떠밀려 무대에 등장한다. 박수갈채가 멈추고 시간이 멈춘 것 같은 긴장감 속에 귀와 떨리는 열 손가락은 첫 음을 향해 피아노 건반을 더듬는다. 홀 안의 기다림은 손에 만져질 만큼 강렬하고 머릿속은 일련의 생각들이 숨 가쁘게 전개된다. 무대를 내려오는 마지막 순간까지 이어가야할 첫 음이 마침내 홀 안에 퍼져나갈 때는 생명을 건 전장의 용사와 같이 결연한 마음 하나로 무장한다. 무기는 고작 무대 위에 덩그러니 놓인 피아노 한 대 뿐이다. 숨 막히는 절박한 상황과 마주한 순간들을 조금씩 극복하고 나면 고른 숨결과 함께 평상심이 회복되고 음악은 자연스럽게 바닥을 벗어나 홀 안을 꽉 채우게 된다.

무대 위에서는 어떤 일도 일어날 수 있다. 승자 아니면 패자가 되는 전쟁터의 용사처럼 연주자의 운명도 크게 다르지 않은 것 같다. 한치 앞을 내다볼 수 없는 우리네 삶처럼 무대도 실수나 한계를 안고 가야하는 되돌릴 수 없는 오롯한 실전임을 감수해야 한다.

주어진 한 시간 반 동안의 무대에서는 최상의 아름다움을 펼쳐보고 싶은 열정만이 연주자의 머리를 채운다. 활기찬 음악에서는 호기도 부리고, 아름다운 멜로디의 품에 안겨 연애하듯 행복감에 빠지기도 한다. 인생의 여러 풍경들을 펼쳐 보여주는 음악에 착실한 종이 되고 만다. 연주자의 음악이 객석의 청중들과 같은 호흡으로 흘러가길 갈망한다. 연주는 그러므로 콘서트홀에 앉은 모두를 위한 행위다. 싫증이란 열매를 청중에게 안겨 줄 수는 없는 일. '지루하다. 재미없다' 같은 말은 연주자가 가장 듣고 싶지 않은 말이다. 청중과 연주자가 함께 만들어가는 음악이어야 감동을 불러올 수 있다.

나의 입김으로 종이 위에 잠자던 음악에 생명을 불어넣어 잠시나마 살아 숨 쉬는 생생한 음악을 꿈꾸었던 무대였다. 이제 막은 내리고 음악은 다시 침묵으로 접어들었다. 짧은 순간의 그때 그 정취가 나의 삶에 한 획을 긋고 지나가버렸다. 지금은 그저 무성 영화처럼 소리는 없고 박수를 보내는 청중들의 영상이 간간이 머릿속을 스친다. 막이 내린 무대를 떠나 무미한 일상으로 돌아와 또 다른 무대를 갈망하고 있는 나는 무엇이란 말인가. 절박한 긴장감에 휩싸인 또 다른 무대에 대한 알 수 없는 달콤한 중독성 또한 인간이 껴안은 본성인 듯하다. 끝없이 갈망하고 추구하는 것이 즉 인간의 본성이란 것인가.

셰익스피어는 그의 작품 '맥베스'에서 인생을 '걸어 다니는 그림자'라 일컬으며 "주어진 시간을 무대 위에서 활개치고 안달대지만 곧 영영 잊힐 배우에 지나지 않다."라고 했다.

셰익스피어의 말을 빌리면, 우리는 불안과 죽음의 무거움을 짊어진 짧은 생을 허락 받은 사람에 지나지 않는다고 했다. 짧은 연주가 끝나면 모두 떠난 텅 빈 객석만이 남는다. 허전한 연주회장은 허탈감에 젖어든다. 허전함과 적막이 감도는 빈 공간으로 바뀌고 만다. 위대한 문호는 또한 우리의 인생이 무대

위를 걸어 다니는 한낱 그림자에 불과하다고 표현하고 있다. 이것 역시 인생의 허망함을 인지시키고 있다. 하지만 우리는 적어도 오늘도 내일도 그 무대를 기쁨과 슬픔의 노래로 가득 채우는 배우라는 것을 더욱 분명히 일깨워주기도 하는 대목이다. 그 축제의 무대를 꽃피워 풍성하게 만들어 나가는 것이 인생길에서 자신의 몫에 최선을 다하는 모습이 아닐까 싶다. 무대의 체험은 나의 삶의 소중함과 그 무게를 바라보게 한다. 위대한 천재의 맥베스 독백을 통해 더 넓고 또 깊게 삶을 되새기는 계기가 됐다. 삶의 무대 한가운데서 또 하나의 무대를 꾸미고 내려온 자신을 다시 돌아보게 하는 이유였다.

고독에서 피어난 예술

'고갱전'이 서울 시립미술관에서 열리고 있다. 며칠 전부터 관람하고 싶은 마음에 안달이 났었다. 이래저래 자꾸 관람일이 미루어지면서 목마름은 더해갔다. 생전에 이해받지 못했던 예술가의 삶, 그래서 외로웠던 예술가에 대해 이미 많은 이야기를 듣고 있던 터다. 무엇보다 천재성이 드러난 작품들과 빨리 만나고 싶었고, 예술가의 삶 속으로 깊이 들어가 보고 싶어 서둘러 미술관을 찾았다.

고갱은 1848년에 태어나 하급 선원이 되어 대서양 항로의 무역선에서 일하였다. 그 후 몇 년 뒤 파리의 금융회사로 옮긴다. 화가의 길로 들어섰을 때는 나이 20세가 넘어서였다.

내 머릿속에는 고갱하면 고흐의 '귀 자른 사건'이 떠오른다. 고흐는 고갱 보다 5년 후에 태어나 37년의 짧은 생을 마친 화가다. 외롭게 살던 두 화가가 고흐의 유명한 그림 '아를의 침실'이 그려진 그 곳에서 함께 공동생활을 하고 있었지만 결코 이들은 서로 가까이 할 수 없는 무엇이 둘 사이를 가로막고 있었다. 고흐의 비타협적인 성격과 고갱의 남의 일 따위는 상관하지 않고 자기의 길을 가는 성격이 충돌하면서 예술상의 의견이나 생활상의 일로 말다툼이 잦았다고 한다. 신경이 날카로워진 고흐는 면도칼을 손에 들고 산책 중이던 고갱에게 덤벼들었다. 고갱이 무섭게 노려보자 고흐는 멈춰 서서 머리를 떨어트리고 뒤돌아 집으로 간다. 그리곤 자신을 괴롭혀온 환청에서 벗어나기 위해 왼쪽 귀를 자른다.

그 후 1년 동안의 병원생활이 이어졌고 광기의 악마는 여전히 그를 떠나지 않았다. 1890년 7월 새떼가 나는 오베르 언덕위에서 권총으로 자살을 시도한 후 며칠 만에 사망한다. 가난에 허덕이다 비참한 최후를 맞지만 그는 사후 천재의 반열에 올라 신이 사랑했고 만인이 사랑하는 화가로 돌아왔다.

고갱 역시 가족도, 친구도, 고국도 버리고 혼자서 타히티로 떠난다. 그가 예술의 꽃을 피우기 위해서는 유럽의 문명세계에서 멀리 떨어진 남국의 풍토가 필요했나 보다. 현실을 떠나 마음속에 잠자고 있는 순수의 꿈을 되살리고 싶어 지상의 낙원 타히티를 찾아 간다. 어렸을 적 남미 페루 리마에서의 추억이 그를 그곳으로 이끈 인연이 되었을 것이라고 한다. 타히티로 떠나기 전부터 고갱은 인상주의 화가들이 눈에 보이는 현상을 그대로 재현하는 방식에서 벗어나고 싶어 했다. 자신의 경험과 상상을 종합해서 보이는 세계와 보이지 않는 세계까지 그림에 담아내는 작업을 구상했다. 구약성서 속의 야곱과 천사의 환영을 보여주는 작품 '설교 후의 환영'은 이상한 신비적 인상을 자아낸다. 문명에 중독되지 않은 남태평양의 신천지에서 고갱은 종교적 환상을 여러 작품 속에 집어넣었다. 그는 예술가는 신과 대등한 창조적 능력을 지니고 있다고 말하는 사람이었다. 그는 창조에 의해 신의 세계까지 올라갈 수 있다고 믿는 화가였다.

보통 예술가가 다 그렇듯이 고흐와 고갱 두 화가는 예민한 감각의 소유자이자, 상상력으로 꽉 찬 사람들이다. 자신의 감정을 극한까지 끌고 갔던 이들은 평범한 사람들이 볼 수 없는 숨겨진 것을 발견하고 내적 체험을 풍부히 하는 사람들이다. 우울증이나 자살충동은 예술가의 전유물처럼 되어있고 사회의 관습과 상식에 반하는 생활로 인해 세인들로부터 고립을 자초하기도 한다. 그래서 불행과 궁핍을 넘나드는 모습을 자주 볼 수 있다. 이런 극단적인 삶이 사후에는 미화 내지는 영웅시되기도 하는데 이는 누구도 따라 할 수 없는 치열한 자기와의 싸움을 이겨낸 예술가 혼에 대한 존경심과 사랑의 표시가 되고 있다.

예술가가 평범한 생활인이 될 수 없고 평범한 사람이 예술가의 혼을 소유할 수 없다는 말은 진실인 것 같다. 가까운 예로 우리 화단의 두 천재를 보더라도 잘 알 수 있다. 장욱진 화가의 천진무구한 정감어린 작품에서는 까치와 참새를 많이 볼 수 있다. 그의 부인은 "죽어서 화장되어 날려진 그의 영혼은 어디서 날고 있을까?"라며 평생 술로 지새우며 새처럼 자유로운 영혼을 소유했던 남편을 애절한 음성으로 읊었다.

이중섭 화가는 생활고 때문에 일본으로 보낸 일본인 부인과 자식들에 대한 그리움을 평생의 걸작으로 표현해냈다. 일정한 거처 없이 떠도는 유랑생활을 하며 깊은 좌절과 자괴감으로 정신 분열 증세를 보이다가 드디어 고통을 못 이기고 병원에서 홀로 숨을 거둔다.

행복한 예술가는 드문 것일까. 그들의 예술혼에 평화가 깃들기는 좀처럼 쉬운 일이 아닌 듯하다. 끊임없이 자기 자신의 자질에 대한 회의와 두려움을 지니고 사는 사람들이다. 좀 더 높은 경지를 오르려는 예술가로서는 외로운 삶 가운데 자신의 작품에 대한 타인의 이해와 공감이 절실했을 것이다. 하지만 불행히도 현실은 이를 따라 주지 않는다. 그 깊다는 진실의 바닥에 도달하는 것은 하루아침에 이루어지지는 않는다.

고갱은 궁극적으로 자신의 사후에 오래 남을 무엇인가를 갈망하며 집념의 미술품을 탄생시킨다. 그의 마지막 걸작 '우리는 어디서 왔는가. 우리는 무엇인가. 우리는 어디로 가는가.'는 자살을 염두에 두고 투혼을 발휘하여 탄생시킨 대작이다. 예술은 영원한 것, 시간과 공간도 무관한 것을 묘사하는 것이라 할 수 있겠다. 고갱은 사후에 모든 것을 이루었고, 영원을 사는 천재로 다시 태어났다.

나는 피아노와 함께 음악인생을 살면서 예술의 맛에 조금 젖어 보기는 했지만 예술가적 삶을 살지 않았다. 큰 재능도, 노력도 없는 상식적인 사람에 그쳤다. 다만 나는 범인으로서 예술을 부족한 대로 이해하려하고, 또 즐기며 행복해 한다.

미술관은 사람들로 북적였다. 생전에 불행했던 예술가라 하더라도 그의 작품을 통해 행복해 하는 뭇사람들이 있어 보상되는 것이라는 생각과 함께 큰 위안을 안고 전시장을 떠났다. 예술가의 고뇌에 공감하면서 충실한 관람자가 되어 그에게 존경과 사랑을 보낸다.

숲길에서 듣는 소리

저녁 식사를 마치고 선선한 앞동산 숲을 거닐기 위해 혼자 집 밖으로 나섰다.

숲을 이룬 키 큰 나무들은 한여름의 안정된 풍요로움을 자랑하며 나를 호위하듯 양 옆에 우뚝우뚝 서서 길을 안내해준다. 혼자인 나는 자연의 넉넉한 품에 안기어 휴식과 위안을 선물로 받을 채비를 한다. 사방을 둘러봐도 어느 한 곳 흠 잡을 데 없는 초록빛 천지다. 그때 어디선가 '츠르르르' 매미가 쉴 사이 없이 울어댄다. 점점 크게 고막을 울리는 울음은 이번엔 건너편에서 한여름의 싱그럽고 힘찬 음향으로 화답하며 숲을 깨운다. 대단한 맹위다. 마치 고요한 숲을 온통 뒤흔들어 놓을 듯

고막을 자극한다.

나는 언제 한번이라도 이렇듯 목청껏 큰소리로 내 감정을 공개적으로 표현한 적이 있었던가. 매미의 절박함도, 나뭇가지에서 재잘대는 새들의 발랄함도 찾아볼 수 없는 평범한 목소리를 가진 나다. 늘 조신하고 조용한 목소리로 세상을 살아온 듯하다. 불만이 있어도 마음껏 내뿜지 못한다. 자신감 있게 떳떳이 자신을 드러내지 못하니 답답하기 그지없다. 복잡한 마음속에 자신을 가두고 늘 부족해하고 허탈해 한다. 알면서도 어쩔 수 없이 바르게 행동하지 못하고 옳은 줄 알면서도 옳다고 용감히 말 못하고 만다. 그저 큰소리도 강한 주장도 내세워 보지 못한 뚜렷한 특징이 없는 '나'라는 인간이 못나고 그래서 좀 서글프다는 생각이 든다. 이제 아무 조건 없이 내 마음을 받아줄 풀벌레 우는 숲속에 묻혀 보고 싶어진다. 그곳에서 내가 듣는 한결같은 소리가 있다. '있는 그대로의 네 자신을 사랑하라'고 말해 주는 숲이다.

가까이 자연의 소리에 귀를 기울이면 그 소리는 다름 아닌 아름다운 음악소리다. 표층에서는 들리지 않지만 심연의 소리는 상상력을 지닌 사람에게는 감흥을 일게 하는가 보다. 그 느낌을 악보로 표기하여 악기를 통해 소리화해 내는 연금술사가 곧 음악가다. 그의 귀로는 나뭇가지들이 톡톡 눈트는 소리도,

어린 잎사귀들이 피어나는 소리도 들리나 보다. 나뭇잎이 지는 소리까지도 놓치지 않는다. 음악을 좋아한다는 어느 시인은 '이 세상 떠날 때 소리를 듣는 귀는 놔두고 가겠다.'고 말했다 한다. 시인이나 음악가에게는 들으면 들을수록 무궁무진한 자연의 소리가 존재하나 보다. 글로나 음표로 기록하여 언제라도 자연에 대한 작품을 읽거나 연주할 수 있고 또 그 작품들을 많은 애호가들이 듣고 읽을 수 있으니 얼마나 다행스럽고 고마운 일인가.

세상에는 그 나름으로 성격과 느낌을 띠며 각자의 뚜렷한 자연의 소리를 들려주는 음악 작품들이 많다. 바다로 가면 파도가 바위에 부딪치는 소리를 듣는다. 그때 흩뿌려진 잔 물방울은 은빛 물보라를 일구며 공중으로 흩어지고 그 장관은 뇌리에 영원히 남는다. 불란서의 인상주의 작곡가 드뷔시의 작품 '바다'의 음악을 듣고 있으면 실지로 바닷가에 와 있는 것과 똑같은 놀라운 착각에 빠진다. 어두운 신비의 바다에 새벽이 찾아와 금빛의 해가 솟아오르고, 잔잔하고 평화로운 바다 모습이나 거센 광풍에 밀려오는 거친 파도를 눈앞에 한 폭의 그림으로 상상할 수 있다.

졸음 오듯 졸졸 흐르는 냇물은 돌 사이를 휘돌아 흐르며 갖가지 매끄럽고 예쁜 모양의 돌 조각품을 빚어낸다. 그 부드러움 때문에 시냇물 소리에는 사랑스러움이 있다. 작곡가들의 여러 성악곡들 속에서 이런 사랑스러움과, 순수와 평화를 만날 수 있다.

쫙쫙- 쭈룩쭈룩- 부슬부슬- 비 오는 소리는 다양하다. 밤에 잠자리에 들면 창밖에서 조용히 들리는 빗소리는 산사의 독경 소리같이 고적하고 경건하다. 처마 끝에서 똑똑 떨어지는 빗방울 소리는 쇼팽의 피아노곡에서 왼손의 저음으로 끊이지 않는 빗방울 소리가 비길 데 없는 아름다운 선율과 함께 이어진다. 비 오는 날 한없이 창밖을 바라보고 있는 여심의 소리가 이렇듯 애절할까.

숲길은 고요한 소리로 가득 차있다. 어스름한 저녁에 하늘에 떠있는 달과 동행을 하다보면 거닐던 숲에서 잠시 길을 잃고 자연이 들려주는 음악에 마음을 빼앗기고 만다. 세상에서 가장 아름다운 음악이라는 수식어가 붙은 드뷔시의 '달빛'이 들리는 저녁의 단아하고 서정적인 풍경 속에서 달빛 따라 어디론가 정처 없이 실려 간다. 이 고요한 기쁨은 마음을 평화로 채운다.

푸른 숲과는 어느덧 친밀한 친구 사이가 된 듯하다. 오랫동안 옆에 두고 아끼고 싶은 다정한 친구. 많은 것을 내준 이 친구는 그저 그 자리에서 고요를 지킬 뿐이지만 단순하고 선하게 살라고 가르치는 훌륭한 스승이기도 하다. 어둠으로 가려진 아늑한 숲길을 걸으며 내 자신과도 화해하고, 가까운 주변과도 친밀한 교감을 나누며 평화를 이루고 싶어진다. 이 간절한 소망은 가슴을 벅차오르는 행복감으로 차오르게 한다.

소통의 시간

조그마한 카메라를 메고 다니면서 여기저기를 카메라에 담기 좋아했던 때가 있었다. 시선을 사로잡는 대상을 만나 셔터를 누르는 순간의 쾌감은 늘 짜릿했다. 어미 뒤를 졸졸 따라 다니는 참새새끼들, 인기척에 놀라 후드득 날아오르는 비둘기 떼, 빨랫줄에 걸린 펄럭이는 옷들, 누렇게 뻗어 있는 갈대밭, 창가에 놓인 화분에서 피어오르는 꽃대, 햇볕에 널린 빨간 고추, 묘지와 조화를 이루는 우뚝 선 묘비 등등 대상은 무궁무진했다. 찰칵하는 소리와 함께 모두 카메라 안에 갇혀버리곤 했다.

카메라는 보이는 그대로 자연 경관이나 사물 등 삼라만상의 형상을 담아내는 재주가 있다. 빛의 양과 방향 등이 서로 작용하여 만들어 내는 원리를 가지고 있다.

예술의 전당 사진반에서 육 개월 과정을 이수하고 얻은 사진은 제법 많았지만 찍는 순간의 기쁨이나 열정이 무색할 만큼 결과물은 너무도 보잘것없어 실망하곤 했다. 남기고 싶은 영상은 거의 없다 해도 과언이 아니었다. 조금씩 사진에 대한 열망은 식어 갔고 서서히 사진기로부터 멀어져 가기 시작했다. 외형을 똑같이 그려내는 사진보다는 무언가 내면의 마음이 담겨 있는 사진을 찾기 시작했던 것 같다. 그 후 이래저래 사진에 대해 잊고 산 지 오랜 세월이 흘렀다.

얼마 전 백수를 바라보는 나의 노모를 찾아뵙기 위해 친정집으로 향하던 중에 좁은 효자동 골목 안에 자리 잡은 아주 작은 한옥에 '老母'라는 제목의 사진전시가 눈에 띄었다. 작가의 나이는 나와 비슷했고 작가의 살아계신 90대 노모(老母)에 대한 애잔한 마음 또한 나와 같아 보였다. 사진 속에 비친 풀어헤친 백발의 머리카락과 무엇엔가 시선을 고정시킨 흐릿한 눈빛은 강하게 나의 마음을 사로잡았다. 불거진 혈관에 나무껍질 같은 손은 지팡이에 가까스로 의지하고 있었고, 자유롭지 못한 몸은 방 한 구석에 갇혀 있어 노모의 일상은 유령처럼 움직임이 절제된 채 정적 속에 있었다. 무심한 듯 무표정한 겉모습이지만 그 안에서는 수많은 감정이 오갔을 것이다. 노인의 생활을 떠올리게 하는 몇 장의 사진을 보며 나는 억누르기 어려운 슬픈 감정에 빠졌다. 전시장의 벽 한 면에는 과거 노모의 젊었을 때의 모습이 찍힌 몇 장의 사진이 있었다. 놀라울 정도로 아름다운 젊음의 모습에 눈을 뗄 수 없을 정도였다. 사진작가인 노모의 딸의 미모에도 놀랐지만 사진 속의 여인은 그녀의 지난날을 들여다보고 싶을 만큼 호기심이 일었다. "학식이 많은 분이었나요?" 나의 질문에 작가는 "그 부분에 있어 가슴이 많이 아픕니다. 배움이 없으셨던 분이에요." 하는 대답이 왔다. 먼 고향 땅을 떠나 서울로 시집와 자식을 낳고 사는 동안 남편은 어느 날 집을 떠나가 버렸고 그 후 돌아오지 않아 평생을 기다림의 삶을 사신 분이었단다. 친정으로 돌아갈 형편도, 생각도 하지 못 한 옛 여인에 불과했던 모양이다. 세월이 흘러 이제 친정이 아니라 방 옆에 딸린 베란다에 핀 꽃을 보기 위해서도 지팡이에 의지하지 않으면 한 발자국도 불가능한 여인이 돼 버린 인생이다.

작가의 어머니이기도 하지만 자리에 누워 거동이 자유롭지 못한 나의 어머니를 연상하게 했다. 또 다 같은 굴곡진 삶을 산 우리 모두의 어머니라는 생각에 숙연해진다. 이 노모의 굳게 닫힌 입은 도무지 열릴 것 같지 않았지만 무언 속에서 세상 사는 이야기를 들려주고 있었다. 우리의 삶은 소중한 유한의 시간임을 뼛속 깊이 느끼게 했다.

사진은 외형을 똑같이 그려내는 것이 아니라 내면의 정신과 그 마음을 담아내는 도구가 됨을 다시 한 번 일깨워 주었다. 무심한 듯 무표정한 모습이지만, 길고 긴 회한의 세월을 물밑으로 켜켜이 가라앉힌 수면 같은 '老母'라는 사진들. 사진이 이처럼 많은 이야기를 마음을 열어 보여주니 예술의 힘에 또 한 번 감동하며 한동안 내 손에서 떠나 있던 카메라를 다시 잡아볼 마음이 꿈틀거렸다.

이번에는 이야기가 있는 사진을 찍고 싶다. 아니, 그 이야기를 담은 '소통의 시간'을 찍고 싶다.

솔로의 눈물

어느 한가한 오후 TV앞에 앉아 채널을 이리저리 옮겨 다니며 볼만한 프로를 찾아 헤매고 있었다. 내 눈이 멈춘 곳은 예능 프로 '남자의 자격, 하모니'였다. 오합지졸로 모인 합창단을 온 힘을 다해 열심히 지도하는 지휘자를 보는 순간 피아노 선생으로서의 나의 옛 모습을 떠올리며 벅찬 가슴을 안고 TV앞에 바싹 다가갔다. 일명 '호랑이 선생'이라는 호칭을 얻어가며 열정을 가지고 제자를 키웠던 그때로 돌아가 본 시간이었다.

단원 중 한 명의 솔로 성악가가 부르는 고운 선율은 오래전에 본 영화 '미션'의 삽입곡 '넬라 판타지아'다. 옛 지인을 만난 듯 반가움이 밀려왔다. 남미 원주민들이 벌거벗은 채 질푸르게 우거진 밀림 속을 뛰어다니는 장면이 눈앞에 펼쳐진다. 나뭇잎을 후드득 스치는 싱그러운 소리, 그 사이를 뚫고 들리는 오보에의 우수를 안은 음색에 흠뻑 취해 가슴 적셨던 기억이 새롭다. 온갖 잡스러운 생각들은 연소되고 오로지 희열만을 맛보게 해준 이 멜로디는 아직도 가슴속에 숨결처럼 남아있다. 지휘자의 열정적인 지도하에 합창단은 이 낼라 판타지아 세계와의 만남을 향해 연습에 몰입하고 있었다.

연습이 서서히 진행되어가던 중 지휘자 박칼린의 눈가에 잠시 미세한 눈빛의 흔들림이 감지되는 순간 갑자기 음악이 중단됐다. 곧바로 솔로 부분을 맡아 부르는 성악가에게 던진 그의 지적은 단호하고 엄격하여 범접 못 할 만큼의 팽팽한 긴장감이 돌기 시작했다. 좋은 발성과 강한 집중력은 올바른 자세에서만 가능하다는 지침을 거침없이 쏟아냈다. 다시 노래는 이어졌지만 곧 중단 사인과 함께 이번에는 정확성 없이 흐느적거리는 발성법에 불만을 표시하며 한층 흥분된 모습으로 기대의 강도를 높여갔다. 그러기를 몇 번이고 되풀이 한 후 지휘자는 급기야 자신의 생각과 거리를 좁힐 수 없다고 판단했는지 솔로 교체를 감행하고 만다.

욕심이 많은 냉정한 지휘자라는 생각이 들었다. 하지만 지도자의 입장에 서면 자신을 능가할 만한 재능을 지닌 보다 훌륭한 실력자를 찾게 되고, 또 그래야만 비로소 만족스러운 결과를 얻는다는 것은 사실이다. 그때 훌륭한 제자의 재능을 발견했을 때의 기쁨과 반가움은 무엇과도 비교할 수 없는 희열을 안겨주었던 나의 옛 선생시절이 떠올랐다. 뒤로 물러난 솔로이스트에게는 가혹한 처사였으나 그때 흘린 눈물은 그의 음악 인생에서 아름다운 보석으로 되돌아오리라 믿고 싶다. 누구를 원망하는 눈물이 아니라 음악 앞에 비친 자신의 빈약함과 음악인으로서 충실하지 못했던 자책의 눈물이 아니었을까.

땀과 노력으로 어려운 과정을 극복하고 드디어 완벽한 하모니를 이룬 연주가 끝나면 합창단은 청중과 공감대를 형성하게 되고 아름다운 하모니에 취하여 박수갈채와 함께 합창단과 청중 모두가 행복해지는 경험을 쌓게 된다. 오합지졸의 합창단이 완벽한 하모니를 만들어가는 과정은 결코 쉽지는 않지만 청중들은 그 결과로 환호하며 즐거워한다. 음악에서의 하모니는 균형, 음색, 리듬이 서로 조화가 잘 이루어져 만들어지는 아름다움을 말한다. 우리가 음악을 즐기고 사랑하는 것은 인간이 갈구하는 더 높은 이상의 세계로 통하는 통로를 마련해 주기 때문일 것이다.

원시 주민들을 상대로 선교 활동을 벌이다 무참하게 희생당한 선교사들의 모습을 그려낸 영화 '미션'에서 천상의 아름다운 오보에의 '낼라 판타지아' 즉 자유와 평화의 노래를 들으며 내 자신이 과거에 범했던 과오가 씻겨진 듯한 특별한 경험을 했다. 음악을 통해 자유를 느끼고 인간 본연의 존엄성을 회복할 수 있었던 잊지 못 할 또 하나의 영화 '쇼생크'가 떠오른다. 온갖 비리와 폭력, 부패와 억압이 난무하는 회색빛의 공간인 감옥에서 기적처럼 울려 퍼진 음악을 들으며 죄수들은 멈춰 서서 가슴속에 자유와 희망에 눈을 뜨는 순간이었다. 회색빛 그늘은 걷히고 감옥은 온통 무지갯빛으로 변한다. 음악의 힘은 이렇게 우리를 강하게 흔들며 가까이 다가오는 것인가 보다.

물러난 솔로이스트가 흘린 눈물은 절대적인 음악의 아름다움 앞에서는 극복과 인내라는 큰 의미를 말해준다. 그 눈물로 인해 아마 지금쯤이면 어느 곳에선가 성공한 행복한 음악인이 되어 활동하고 있을지 모를 일이다. 음악은 귀로 들릴 뿐 아니라 용광로의 뜨거운 불길 같은 느낌이 존재한다. 연주자나 청취자 모두 이 용광로의 불길 속으로 함께 뛰어들어 하나가 될 수 있다면 절대적 아름다움인 이상의 세계 즉 '낼라 판타지아'에 도달하는 것과 마찬가지가 아닐까.

합창단이 아름다운 하모니를 이루어 가는 과정을 지켜보면서 과연 나는 제자들에게 진정 바른 가르침을 위해 사랑의 엄한 잣대를 대었던가 하는 반성을 해보았다. 나의 제자들이 흘린 눈물이 의미 있는 눈물이었는지도 자문해 보았다. 또한 내가 연주하는 나의 삶도 제대로 하모니가 되어있는가를 깊이 생각해 보는 시간이 되었다.

3일 간의 일탈

우리 세 사람은 홀가분한 마음으로 제주도로 떠나기로 했다. 손녀는 책가방을 훌훌 털어버리고 만화책 몇 권을 집어넣었다. 딸은 여행 정보가 빼곡히 적힌 프린트물을 폴더에 넣고 여행비도 넉넉히 챙겨서 배낭을 메고 나섰다. 나는 무엇을 준비해야 할지 몰라 허둥대다 꼭 챙겨야 할 사진기도 잊은 채 약봉지와 옷가지를 싸들고 딸과 손녀의 뒤를 따랐다.

공항으로 떠나는 순간부터 우리 셋은 가볍고 자유롭게 훨훨 나는 새가 되어있었다. 손녀는 학교 공부에서, 딸은 고된 직장 일에서, 나는 남편의 뒷바라지로부터 벗어나 있으니 아무것도 부러울 것 없이 오롯이 즐길 일만 남은 듯했다. 렌터카에 몸을

싣고 망망대해를 바라보며 해안 길을 따라 펜션을 찾아가는 길은 우리를 아주 딴 세계로 데려가고 있었다.

딸이 운전을 하면서 흥분된 목소리로 "저 파도 좀 봐, 파도 소리 들려?" 한다. 나는 먼 드넓은 푸른 하늘과 바다에 마음을 빼앗기고 있던 터라 딸이 하는 말에 신경을 못썼나 보다.

"그 정도 가지고 뭐."

나의 반응이었다. 서운한 딸은 "엄마는 왜 까칠해서 그래?" 한다. 손녀가 엄마 편을 든다.

"할머니, 맞아요. 그 정도도 파도에요. 근데, 할머니, 하늘이 바다 같고 바다가 하늘같이 보여요."

이번엔 딸이 손녀 편이다.

"그렇게 시적인 표현도 있는데 엄마는 뭐 그래?"

나는 시무룩한 기분이 되었다. 아이들 따라 나서기는 했지만 걱정이 아주 없는 것은 아니었다. 기분을 미처 따라가지 못해 분위기가 처질 수도 있고, 혹시 다리를 겹질려 제대로 걷지 못하게 되거나 모자나 휴대폰 등을 잃어버려 오도가도 못 하는 경우가 생기지 않을까 하는 노파심도 있었다. 소외된 기분이 안 되려고 조금은 긴장했고 간간이 식사비도 솔선 지불해야겠다는 생각을 하며 몸과 마음의 호사를 누릴 일에 집중했다.

열한 살 난 손녀는 어려서부터 책을 많이 읽은 덕인지 아는 것이 많아 어른들을 깜짝 놀라게 한다. 그뿐인가 신체 발육도 좋아 애기인 줄만 알았는데 벌써 골반이 톡 튀어 나온 게 처녀티를 내고 있다. 큰 덩치로 덩실덩실 춤까지 추니 나는 민망해 슬쩍 눈을 피하게 된다. 이 손녀의 등장은 칠십 세인 나의 인생퇴장의 시기를 예고하고 있음인가. 물기 머금은 듯한 꽃송이 같은 손녀는 나의 메말라 갈라진 피부와 잿빛머리를 흉하게 보고 있을 것이라는 생각에 서글퍼지기도 했다. 하지만 이토록 예쁜 손녀를 두고 어떻게 서럽거나 허망해만 할 일인가. 오히려 자연의 순리를 거역하지 못함을 인정하고 나니 유쾌한 마음이 눈앞에 흘러가는 평화로운 풍경과 함께 조화를 이루었고 발길은 가벼웠다.

잠시 생각에 잠겨있는 동안 딸과 손녀는 사진을 찍기 위해 '사려니' 숲으로 나의 손을 끌었다. 바닥에 깔린 적갈색의 화산제인 '송이'가 숲과 하늘까지 물들인 녹색과 선명한 대조를 이루고 있었다. 보행로 한가운데에 나와 손녀가 꼭 붙어 걸어가는 뒷모습이 딸의 휴대폰 창에 올랐다. 영락없는 단짝 친구의 모습이다. 사람이 관리하는 숲길이어서 나 같은 노인도 다닐 수 있는 평탄한 숲길이라 마냥 걷고 싶었다.

이곳 제주에 와 보니 우리나라 육지에서는 보기 드문 경관들이 한 둘이 아니다. 우선 화산 분화로 생긴 토양인 '송이'가 자연 흙이라고는 믿기지 않을 정도로 붉디붉어 자연의 신비에 다시 한 번 놀라움을 금치 못했다.

"어! 내가 읽은 암행어사 박문수 책에서 붉은 흙이 묻은 신발을 보고 범인을 제주도에서 잡았다고 씌어있었는데…." 하며 나의 궁금증을 풀어준 손녀다. 사람은 죽을 때까지 배운 다더니. 참. 똘똘이 손녀가 더욱 대견해 보였다. 곳곳에 오름이라고 부르는 봉우리들이 마치 한라산의 형제들처럼 봉긋봉긋 솟아올라 친근하고 목가적인 초원을 이루고 있다. 오름 주변에 넓은 황야나 목장에는 조랑말들이 그림같이 평화롭게 노닐고 있다. "말들은 행복 하겠다."라고 말하는 어린 손녀의 마음도 무엇에 끌리는 느낌을 받았나 보다. 자연의 싱그러움이 스며들어 우리의 뇌를 편히 쉬게 하는 그런 느낌인가. 어스름한 저녁이 되어 펜션으로 돌아오는 해안길에서 수평선 너머로 지는 해를 보기 위해 붉은 노을을 가로질러 서쪽 하늘을 향한 전망대를 찾아 달렸다. 우리의 기대를 저버리고 해는 구름 뒤로 숨어버리니 구름을 탓할 수도 없고 야속하기만 했다.

다음날 일정은 배로 서귀포 선착장에서 삼십분 거리에 있는 한국 땅의 마침표 마라도 관광이었다. 한 시간 동안 섬을 한 바퀴 돌고 다시 배로 이동하는 코스다. 나무 한 그루 없는 '마라도'의 분화구는 평평한 분지를 이루고 있어 작은 비행기의 착륙장 같은 기묘한 동화적인 신비감을 안고 있었다. 예기치 않게 펼쳐진 마라도의 평평한 벌판과 즐비하게 늘어선 짜장면 집들. 이와는 대조를 이루며 가파른 해안선 쪽에는 현실감을 잃게 하는 새까만 기암절벽이 오랜 해풍의 영향으로 파도에 씻겨나가고 있었다. 파도소리를 뚫고 낮익은 성당의 성가가 나지막하게 들려와 눈을 돌려보니 흙으로 지은 듯한 버섯모양의 성당 겸 기도실이 하늘에 있는 수호신의 강림을 기다리며 홀연히 솟아 있었다. 손녀는 뛰어 들어가 두 손 모아 기도를 한다. 혹시라도 할머니 오래 살게 해달라고 기도 해주지는 않았을까.

성당 문을 나오면서 나의 세례명과 주소 또 기도 한마디를 적었다. 아름다운 자연을 볼 수 있는 눈과 감사하는 마음을 가지게 해주어 고맙다는 감사기도를 했고, 이 세상에서 마지막 날까지 자연과 친구 되어 적적하지 않은 여생을 보낼 수 있도록 진심으로 빌었다.

삼일 동안의 여행은 끝나가고 있는데 신기하게도 잠시도 평상시의 서울 집을 떠올리지 않았으니 참 신기한 노릇이다. 매일 반복되는 집안일에 조금은 지치고 우울했던 생각들을 말끔히 떨쳐내고 이제 새로운 에너지로 나머지 인생을 즐겁게 보낼 마음의 채비를 갖춘 셈이다. 단 삼일 동안의 일탈이었지만 이제 더 이상 찌든 일상이나 나이 탓은 접고 기쁜 마음으로 비행기에 몸을 실었다. 마음은 저 푸른 하늘과 제주 바다의 파도를 타고 너울거렸다.

누군가 '여행은 생각의 산파'라고 했는데 나에게는 이번 제주도 여행은 바캉스, 즉 비우는 것, 쉼의 시간이었다. 비워야 채워지는 것이라 하지 않던가. 앞으로 허무로 사라져 버리는 인생은 사절해야 되겠다. 내일 아침에도 오늘처럼 기분 좋게 눈을 뜨고, 푸른 바다의 추억에 다시 한 번 젖어보는 상쾌한 하루로 채워졌으면 좋겠다.

2.
가을을 보내며

가을을 보내며

얼마 전 비바람이 불기 전만 하더라도 아파트 앞의 넓은 '서울숲'은 온갖 나무들이 단풍지어 멋진 풍광을 자랑하고 있었다. 가을 빛깔의 풍요로움에 취하여 마음은 한껏 부풀어 올랐다. 가을은 깊어가고 나무에는 형형색색의 빛깔이 뿌려졌으니 빨갛고 노란 단풍잎이 이제는 호박색으로 변해 영롱한 가을 햇살을 받아 빛나고 있다.

시간을 되돌릴 수 없듯이 더 이상 이 화려한 광경을 붙잡아 놓을 수 없는 겨울이 목전에 왔음을 안다. 이제 떠나는 가을 손님에게 손을 흔들어 작별 인사를 나눌 때이다. 눈부셨던 가을빛의 아름다움이 아쉬움을 남기며 사라져가고 있다. 가을은 사라져가는 것들을 위해 정리할 기회를 주는 자연이 부여한 축복의 시간인 듯하다.

파삭파삭 풀잎 마르는 가을에는 하늘은 높아지고 그 넓어진 공간만큼 마음도 허전해진다. 풋풋한 봄, 풍요로운 여름을 지나 수확의 계절인 가을을 맞이하여 내 인생의 가을도 삶의 정수를 찾아내어 발전할 때라 느껴진다. 자기 일에 전념할 수 있는 절호의 기회이며 시기라는 생각을 하게 된다. 점점 더 빠르게 끝으로 달리는 내 일생을 일 없이 앉은 채 허비하지 말고 의미 있는 삶으로 만들어 가고 싶다.

나이 칠십의 문턱에서 남을 위한 좋은 일을 해야 한다는 생각이 머릿속에서 떠나지 않지만, 내 자신의 부족한 정신적 혹은 내적 부를 축척하는 일에 더 매진하는 것이 우선이 아닐까 하는 이기적인 생각이 앞선다. 다행히 남편에게 찾아온 봉사활동의 기회가 있어 대리만족을 하고 있는 셈이다. 남편은 최근에 가진 사진 찍는 취미를 살려 재능기부를 할 뜻을 밝히고 있다. 연고가 없는 독거노인들의 장수사진을 찍어주고 미혼모들의 아기 돌 사진을 찍어주는 일이다. 노인들에게는 자존감을 높여주고 입양될 아기들의 기록 사진을 남겨줌으로 해서 엄마와 아기들과의 끈을 이어주는 일이다.

이제 중년기에 들어선 아들과 딸들은 올곧은 성품을 지니고 각자 자기 일을 충실히 하고 있으니 건강만 지킨다면 더 바랄 것이 없다. 아낌없는 사랑을 쏟아줄 수 있는 귀여운 손자와 손녀들이 있어 할머니 집에 와 마음껏 뛰어노니 더 이상 무슨 소원이 있겠는가.

나무의 일생에 있어서도 겨울잠 속으로 쇠퇴하기 전 전력을 다해 화려한 빛깔로 자신의 아름다움을 뽐내며 세상에 내보이듯이 나도 내 안에 있는 원석을 골라내어 의미 있는 삶을 위한 내면의 정원 가꾸기에 나설 시기인 것 같다. 현재 글쓰기와 영시(English poem) 공부는 나를 한껏 고양시켜주는 문화 활동 중의 하나다. 매 순간을 느끼고, 표현하며, 즐기는 삶은 분명 여생에 좋은 선물이 되어 되돌아오리라 믿는다. 내가 가끔 낭송해 보는 윌리엄 워즈워스의 시 한 구절이다.

한때 그처럼 찬란했던 광채가
이제 내 눈에서 영원히 사라졌다 한들 어떠랴
초원의 빛, 꽃의 영광 어린 시간을
그 어떤 것도 되불러올 수 없다 한들 어떠랴
우리는 슬퍼하지 않으리, 오히려
뒤에 남은 것에서 힘을 찾으리라
지금까지 있었고 앞으로도 영원히 있을

본원적인 공감에서
인간의 고통으로부터 솟아나
마음을 달래주는 생각에서
죽음 너머를 보는 신앙에서
지혜로운 정신을 가져다주는 세월에서.

어느덧 찾아든 것은 나이 듦이다. 젊었을 때는 '초원의 빛'이나 '꽃의 영광'에도 불구하고 삶은 실수투성이였고 불투명한 미래는 삶을 힘들게 했다. 그에 반해 지금은 나이 들어 힘들고 허약하지만 인생은 조금 더 선명하게 다가온다고 할 수 있다. 사람은 젊어서는 현명하기 힘들지만, 현명하게 늙음을 맞는 건 축복이지 않을까. 나이 듦의 품격을 잃지 않고 느긋하게 나이가 드는 즐거움을 찾아 나서는 사람이고 싶다. 세월로 얻어지는 지혜를 손아귀에 움켜쥐고 싶다. 노년의 소외감을 떨쳐버리고 존경받는 위치에 설 수 있는 어른이 많아지는 세상을 소망해 본다.

피아노, 나의 산 증인

우리 집 거실 한쪽 코너에는 그랜드 피아노가 자리하고 있다. 쓸쓸히 서 있는 모습에 늘 미안한 마음이다. 가끔씩 장난처럼 두들겨 보기도 하지만 솜씨가 예전 같지 않음을 안다. 그저 잠시 즐길 뿐 더 이상 한 음 한 음을 다듬어가는 정성을 들이지 않는다. 이제 악기와 한 몸이 되어 몇 시간씩 음악에 몰두했던 시절이 끝나가고 있다고 인정할 수밖에 없는 듯하다. 학교생활이 끝나고 제자들 가르치는 일을 그만 둔 후에도 피아노에서 손을 놓지 말아야 했는데 하는 후회가 인다. 소파 옆에 또 하나의 가구로 전락한 듯하여 안쓰러움이 떠나지 않는다.

쓸쓸한 모습이 마음에 걸려 궁리 하다가 남편이 가꾸어 놓은 화분 중 가장 아름답다고 생각되는 호접란 한 분을 피아노 위에 놓아 보았다. 그림이 좋았다. 피아노 옆에 키가 큰 전기스탠드 하나, 피아노 위에는 나의 우상 모차르트의 흉상 하나, 그리고 그 옆에 하얗게 핀 호접란 한 분. 한 폭의 훌륭한 정물화다. 화분이 놓일 위치와 방향을 옮겨가며 조화로운 구도를 잡아 본다. 정성들여 음악을 만들어갔던 지난날을 생각하며 이 정물화도 완벽하기를 바라는 마음에서다. 나비모양의 꽃이라 하여 이름 붙여진 호접란은 꽃, 잎, 뿌리를 다 함께 즐길 수 있는 꽃이다. 앞으로 두세 달은 충분히 볼 수 있겠다. 아마도 피아노를 향한 나의 쓸쓸한 마음을 달래주는 역할을 당분간 맡아 해줄 것 같다.

이 난 꽃에 물을 줄 때면 피아노와 이야기를 나누고 싶을 때가 잦아졌다. 음악도에서 선생으로, 또 피아니스트라는 이름으로 함께 살아온 나의 피아노에 대한 애틋한 마음을 호접란으로 달래보고 있지만 못내 아쉽다. 살아있는 물체인 양 쓰다듬어도 보고 말을 걸어도 본다. 옛날의 모습들이 어른거린다. 어렸을 때는 '내가 왜 피아노를 쳐야하나? 나는 커서 뭐가 되려나? 내 인생은 어떤 모습일까?' 피아노 앞에 앉아 묻고 또 물으며 많이 생각했던 시절이었다. 어머니의 의지에 따라 좋은 스승을 찾아다니며 최선을 다한 학창 시절이었지만 늘 친구도 없는 외로운 아이였다.

어느덧 성인이 되어 나 자신을 알아가는 시기가 됐다. 언제부턴가 무대에 대한 열망보다는 두려움이 더 커졌고 내성적인 성격이 고개를 들면서 연주가로서의 길을 일찍 접은 게 아닌가 싶다. 그 대신 타고난 꼼꼼한 성격 때문인지 아니면 가르치는 일에 전력을 다해서인지 좋은 제자를 많이 키워낸 행운을 누릴 수 있었다. 가정생활과 병행해가며 선생으로서 나름대로 행복한 세월을 보낸 것 같다. 모든 꽃이 오뉴월이면 다 화려하게 피는 것은 아니다. 그렇다고 작고 가냘프다고 아름답지 않은 것도 아니지 않은가.

성공과 같은 거창한 이름은 내 인생과 어울리지 않는다. 하지만 나의 입김으로 몇몇 피아니스트들을 알차게 키웠으니 그것으로 내 생의 마지막 구간을 자랑스럽게 장식해도 되지 않을까. 아무도 알아주지 않아도 좋다. 무엇이 되고자 피아노를 친 것도 아니다. 세월에 떠밀려 여기까지 오고 보니 쓸쓸한 나의 피아노를 닮아가고 있다는 생각이 든다. 조용히 제자리에서 지난 일들을 회상하며 영광도 실패도 아닌 잔잔한 시간 속을 걷게 된다.

제자들 중에는 교수가 되어 제자 양성에 힘을 쏟고 있기도 하고, 더러는 반주자로 활약하고 있다. 그들이 훌륭한 가정을 이루어 옛 스승을 찾아 주면 내 가족을 만나듯 반갑다. 몹쓸

병으로 지금은 유명을 달리한 한 제자는 레슨비가 없다며 긴 편지를 나의 집 편지통에 넣고 간 일이 있다. 회한이 남는 제자다. 남기고 간 편지만이 그녀의 지난했던 세월을 말해 주고 있다. 개중에는 문학적 감성이 뛰어나 가슴 적시는 자신의 글을 올려 좋은 책을 선물해 주기도 했다. 기자생활을 하는 똑똑한 제자는 재능도 있었지만 과감히 자신의 진로를 바꾼 용기 있는 재원이다.

매주 한 시간씩의 일대 일의 수업으로 서로를 뼛속까지 알게 되니 같이 웃기도 울기도 많이 했다. 부모도 모르는 자질구레한 사건이나 비밀스러운 일까지도 다 오간 장소가 바로 나의 레슨실이다. 나의 레슨실의 산 증인이 있으니 그게 바로 거실 한 모퉁이를 지키고 서 있는 나의 피아노다. 지난 50년간의 음악인생에서 기뻤던 일, 슬펐던 일, 억울했던 일 그리고 많이 잘못했던 일까지 공유하고 같이 이겨내며 기다려준 산 같은 존재다. 아마 피아노에 다리 말고 팔도 있었다면 두 팔 뻗어 나를 안아 주며 말하겠지.

"오랫동안 애 많이 썼어. 이제 좀 쉬어도 돼. 호접란은 최고의 선물이었어."

나도 한마디. "고마웠어, 함께 해줘서. 호접란이 마음에 든다니 다행이야."

갈매기와 숲의 정기

사정없이 쏟아지는 빗속을 뚫고 서해고속도로를 질주하여 두 시간 반 만에 만리포해수욕장에 도착했다. 호텔에 짐을 풀고 서해바다와 마주했다. 바닷물이 빠져나간 자리에 조수가 드나드는 갯벌이 눈앞까지 펼쳐져 있었다. 얼마 만에 만나는 바다인가. 가슴이 탁 트인다. 알 수 없는 충동에 이끌려 축축하게 젖은 모래벌판을 맨발로 푹푹 빠져가며 내달리는 기분을 느끼고 싶었다. 그리 멀리 벗어나지 않았을 즈음 다시 비가 한바탕 쏟아질 태세라 하는 수 없이 후퇴하고 말았다.

다음 날 아침 일찍 잠에서 깨어보니 태풍이 몰고 온 비바람은 멈추고 고요가 찾아들어 만조인 바다 결은 순하고 공기는 신선했다. 인간 삶의 때를 말끔히 씻어낸 듯 태곳적 정경을 상상케 했다. 높이 차올랐던 해수면은 여섯 시간 정도 지나 점심시간이 가까워지자 다시 고요하고 넓은 갯벌이 드러나고, 쉬고 있던 갈매기들이 무언가 섭식에 나서는 모습이 눈에 들어왔다. 이미 인간과는 친밀해진 놈들은 먹이를 던져주는 시늉만 해도 한 치의 어김도 없이 먹잇감을 향해 돌격 자세를 취한다. 어디서 모여들었는지 검은 갈매기 떼들이 모래벌판을 퉁퉁 튀며 한가로이 걸어가기도 한다. 그중 한 놈이 내 시야에 들어와 보란 듯이 공중 비행의 곡예를 선보이며 떠가는 듯 유유히 부유한다. 나이와는 무관하게 내 자유로운 마음은 어린아이가 된다. 인간과는 달리 모든 속박에서 벗어나 바다 위의 삶을 영위하는 그들이 내심 부러웠던가. 가고 싶으면 어디든 갈 수 있는 자신만의 날개를 가지고 있어 더 높이 또 멀리 날고 있는 그들이 아닌가.

오후가 되니 저만치 반짝이는 하얀 신비의 바다와는 상관없이 날씨는 내리쬐는 땡볕에 달리는 찻길은 타는 듯하고, 자동차 안은 찌는 듯 더웠다. 이때 찾아간 목적지는 '천리포수목원'이었다. 매표소에서 표를 사들고 진입로로 들어서는 순간 가슴으로 안기는 편안함은 시원한 나무 그늘 밑의 산책로와 이어졌다. 그윽한 꽃향기와 곁들여진 천상의 산책로다. 백 가지가 넘는다는 소담스러운 수국을 옆에 끼고 걷노라면 수련으로 꽉 메운 연못단지 멀리에 병풍을 두른 듯 초록의 수목들이 눈앞에 펼쳐진다.

여러 희귀한 나무들이 빽빽이 들어선 수목원은 귀화한 미국인 민병갈님의 손에 의해 오랜 시간을 거쳐 조성된 휴식처다. 하지만 그 수목원은 그의 소원대로 사람이 아닌 나무가 주인공인 안식처로 보였다. 땔감으로 잘려나간 나무들로 대한민국의 산들은 민둥산이었던 때가 있었다. 이를 안타깝게 생각한 나머지 그의 나무 사랑은 끝내 수목원 설립으로 이어졌다. 또한 한옥의 아름다움을 사랑한 그는 한때 아파트 붐으로 헐려나가는 한옥들의 목재를 사들여 수목원으로 옮겨 다시 몇 채의 작은 집들을 짓기 시작했다. 이렇게 지어진 게스트 하우스는 지금 여행객들을 유혹하고 있다. 나무에 대한 그의 사랑과 한국의 아름다움에 대한 열정이 지금의 소중한 수목원이 되어 우리 곁에 남아있다.

나뭇가지와 뿌리가 다른 나무둥지에 서로 엉켜있어 마치 한 나무처럼 보이는 모습이 내 눈을 사로잡았다. 덩치가 큰 소나무 둥지에 붙어 용틀임하듯 뻗어 올라가고 있는 식물은 다름 아닌 넝쿨식물 아이비였다. 흔히 실내 관상용으로 화분에 키워지는 아이비가 그 가지를 뻗어 이렇듯 용의 모습을 하고 하늘을 오를 수 있을지 누가 상상이나 했을까. 흔치않은 모습은 엉뚱한 생각을 낳게 했나보다. 혼자서는 아무것도 쉽게 하지 못하는 나는 혹시 의지하기를 좋아하는 힘없는 아이비는 아닌지 자신을 잠시 되돌아보았다. 기쁘면 기쁨을, 슬프면 슬픔을 고스란히 안고 희생하며 버티고 서 있는 소나무의 덩치가 더욱 우람하고 믿음직스러웠다. 의지하며 사는 사람과 반대로 그를 버텨주며 사는 내 주위의 두 삶을 마음속에 그려 보기도 했다.

붉은 눈시울 같은 노을이 내려앉은 저녁해변의 어슴푸레한 정취는 빼곡히 들어선 소나무의 실루엣과 함께 고즈넉한 예술사진을 닮아있었다. 저녁갯벌 위를 배회하던 갈매기가 저 너머 수평선을 가로 질러 여유로운 비행을 즐기고 있다. 나도 저 멀리, 더 높이 날고 싶다. 바다를 향해 두 팔을 활짝 펼쳐 본다. 잠시 나 자신 갈매기가 되어 본다.

수목원의 정기를 받으며 한참을 푸르름 속에 젖었던 마음은 어느덧 새소리만큼 가볍고, 연못의 수련과 같이 잠잠히 가라앉아 조용한 평온 속에 안긴다. 자연과 하나 되니 행복과 평화의 기운이 가슴 깊이 스며든다.

갈매기의 비상을 뒤로하고 숲속 새들의 인사를 받으며 수목원을 나섰다. 해변 위를 거닐다 새겨진 발자국은 밀려오는 밀물에 씻겨 이미 사라졌고, 모래사장 위에 드리워졌던 부유하는 갈매기의 그림자도 이제 그 흔적을 찾을 수 없다. 하지만 푸른 하늘에 나는 갈매기와 마르지 않는 숲의 정기는 아련한 행복의 기억 속에 오래 오래 남을 것이다.

구름과 동행한 스위스 여행

아들이 사는 스위스로 가는 비행기 안이다. 조그마한 창밖으로 경계도 끝도 없는 허공에 뜬 구름을 바라본다. 무한히 먼 곳을 동경하면서 여행길에 오른 내 마음도 뜬 구름이다. 발을 내딛어 떠가는 구름을 느끼고 싶은 충동에 고개를 길게 빼고 창밖을 바라본다.

하늘도 아니고 지상도 아닌 그 중간 지점에 떠가는 구름은 수수께끼 같은 느낌을 전한다. 모였다 흩어지고 아주 빠르게 혹은 느리게 움직이는가 하면 멈춰 섰다가 나누어지고 부풀었다가 형태가 바뀌기도 한다. 마치 어느 화폭에 그려진 구름처럼 빼놓을 수 없는 부분이 되어 우리 여행길에 줄곧 동행했다.

취리히 호숫가를 한가로이 배회할 때도, 성당 탑에 올랐을 때에도 푸른 하늘을 배경으로 눈앞에 보이는 도시는 보석 같이 빛난다. 두 개의 둥근 탑으로 세워진 취리히의 높은 대성당은 하얀 구름으로 휘감기어 하늘 위에 둥실 부유하듯 떠있다. 하얀 구름은 성당의 뜻을 지상으로부터 하늘로 이어주는 메신저인가? 빛이 내리쬐는 도시 한복판에 색색의 모자이크로 장식된 인도를 걷고 있을 때 갑자기 하늘이 짓궂은 장난을 걸어와 단비가 쏟아지니 거리는 또 다른 자태로 아름다움을 뽐낸다. 성당 안에 온갖 풍부한 색채와 성서의 이미지들을 자연의 재료인 빛을 이용한 샤갈의 스테인드글라스 작품 앞에서는 오랫동안 자리를 뜨지 못하고 있었다. 그날 저녁에는 꿈의 화가 샤갈의 빛에 물든 달콤한 잠을 잘 것 같은 예감에 행복했다. 잠시 비를 피하고 나니 하얀 구름은 여전히 유유히 하늘을 배회하며 도심의 한가로움을 선사한다.

비를 뚫고 찾아간 취리히미술관에는 너무 많은 중세의 무겁고 어두운 그림과 조각들로 정신이 없고 마음도 우울해지는 듯했다. 그곳을 피해 위층으로 자리를 옮겼다. 낯익은 인상파 화가들의 그림이 눈길을 끌며 나를 유혹하고 있었다. 빨리 보고 싶은 흥분된 마음을 가라앉히며 그림 하나하나에 집중하던 중 구름을 담은 몇 점의 화폭과 만났다. 실제로 내가 방금 본 구름의 모습은 아니었지만 가만히 들여다보니 화가들에 따라 구름의 모양이나 빛깔을 확연히 달리 표현하고 있었다. 화가들도 구름이 펼치는 축제를 화폭에 옮겨 표현하고 싶은 충동을 어찌하지 못했나 보다. 하늘은 파랗지만도 않고, 구름도 희지만은 않았다. 거장들의 눈은 나의 상상을 다른 감각의 넓은 세계로 뛰어들게 하고 있었다.

스위스 남부 제네바로 가는 기차는 어느 시골 풍경을 달린다. 보성의 차밭을 연상케 하는 포도밭이 펼쳐진다. 기차가 뚫고 달리는 초원에서 나는 또다시 시공을 넘나드는 상상의 세계로 접어들었다. 두건을 쓴 스위스 양치기 소녀 '하이디'가 달려오며 환호의 손을 흔들 것 같은 나의 유년기로 잠시 돌아갔다. 맑은 날씨에 구름은 영원히 방랑하듯 땅과 하늘 사이에서 꿈꾸듯, 수줍은 듯 떠다니고 있다. 인간들도 시간과 영원 사이에서 그와 같이 이 세상에 방랑자가 되어 떠돌고 있는 것인가. 구름은 여전히 덧없음의 의미였던가. 아니면 자유로운 영혼의 상징이었던가. 마음은 떠다니는 구름의 유희인 듯 즐겁고 자유로웠다.

제네바 역에 도착하니 그 도시의 상징인 대분수가 호수 위로 거대한 물기둥을 쏘아 올리는 장관이 눈앞에 펼쳐진다. 고급스런 레스토랑을 굳이 피해 역 주변 파라솔이 끝없이 펼쳐진 길거리의 흥겨운 광장식당에 자리를 잡았다. 그곳 여행지의 자유로운 문화에 잠시 동화돼 보고 싶었다. 주문한 음식을 나르는 중년남성의 깊고 아름다운 베이스 음성으로 우리 식사의 즐거움은 배가 되었다. 팁을 넉넉히 내주며 먼 나라 한국인임을 기분 좋게 밝히고 자리를 떴다.

레만호를 끼고 있는 로잔은 국제올림픽위원회의 본부가 있는 곳이다. 호수를 낀 산책로에서 김연아 선수의 모습을 다른 세계적인 선수들의 사진들과 함께 찾아볼 수 있었다. 올림픽이 외치는 '세계는 하나다'를 실감케 했다. 다음 목적지는 스위스의 '진주'라 칭하는 몬트뢰의 시용성이었다. 영국시인 바이런이 '시용의 죄수'라는 시를 발표하면서부터 주목 받기 시작한 이 성은 관광객으로 넘쳐났고 한글 안내책자가 구비되어 있어 더욱 놀라웠다. 한때 감옥소로 사용되기도 했던 그곳에 수감된 종교 개혁자의 영혼과 자유를 시로 읊었던 역사 깊은 관광지다. 감옥의 작은 철창 밖 푸른 호수 위를 떠다니는 구름 너머로 한숨짓는 그곳 죄수의 처절한 절규가 귓전에 울리는 듯했다. 역사적인 풍취를 간직한 오래된 성은 많은 문인들이 방문한 후 더욱 유명해졌고 지금도 수많은 관람객을 불러 모으는 호수 위의 작은 섬에 지어진 슬프고도 아름다운 성이다. 3시간에 걸친 관람 후 무어라 형용할 수없이 신비로운 맑은 호수와 그 위를 무심히 떠가는 구름과 이별하고 다시 취리히 행 기차에 올랐다.

지친 몸인데도 들뜬 마음으로 잠을 못 이루었다. 아들집에서 마지막 밤을 설치고 아침을 맞았다. 아침 하늘에는 예측할 수 없이 하얀 꽃을 피우는 구름이 집의 이층 베란다로 흘러 들어오고 있었다. 그 밝은 기운은 분명 아들 내외와 소중한 두 손자를 위한 축복의 선물이라 여겨졌다. 풍토와 문화의 차이는 뚜렷하지만 자연에 귀 기울이며 두근거리는 가슴을 안고 경탄할 수 있다는 사실은 지구 어디에서도 같을 것이다. 이별의 아쉬움과 함께 스위스를 떠날 채비로 분주했다. 아들도 이제 중년에 접어들었으니 먼 곳에서나마 무엇이 바람직한 삶의 태도인가를 알고 소중한 것들을 지키고 누릴 것을 부탁하고 싶었다. 구름과 동행한 스위스 여행, 지금도 잊지 못할 시간들이 하늘 위의 구름처럼 떠다닌다.

굽이치며 합류하다

어려서부터 어머니의 뜻에 따라 우리 칠 남매 중 세 자매는 모두 피아노를 배웠고, 후에 예술의 길로 이어져 각자의 삶을 펼쳐왔다. 음악, 미술, 문학이라는 예술의 세계를 겁 없이 만나서 어려운 길을 선택한 운명을 짊어지게 된 세 자매다.

막내인 여동생은 평범한 삶 대신 화가 부부로서의 삶을 선택했다. 이 부부는 현재 활발한 예술가의 삶을 살아가며 많은 작품을 통해 일찍이 세상에 이름을 올렸다. 얼마 전 두 예술가의 이야기를 담은 전기물 『굽이치며 합류하다』가 출판되어 남다른 관심을 끌고 있다. 크게 명성을 쌓고 부를 거머쥔 예술가의 화려한 자서전은 아니다. 뉴욕과 강원도를 오가며 굽이쳐 흐르는 세월을 겸손과 용기를 가지고 살아가는 예술가 부부의 삶에 매료되어 쓰게 된 작가의 애정 어린 글들이 펼쳐진다. 어린 시절의 단란했던 동생의 모습부터 미국에서 공부를 끝내고 결혼한 후 예술가로서의 새 발돋움을 위한 온갖 우여곡절이 파노라마처럼 그려진다.

흔치않고 흥미로운 화가의 삶을 사진처럼 찍어낸 책 『굽이치며 합류하다』는 가감 없이 예술가의 삶을 묘사한 책이다. 다만 이 책 속에 드러내기 어려웠던 절반은 동생의 감춰진 내면 풍경이 아니었나 싶다. 그것은 풀이나 나무에 꽃이 피는 것은 쉽게 볼 수 있지만 정작 나무를 키운 땅속은 보기 힘들기 때문이다. 새로운 생활을 개척해 나가야했던 동생의 불투명한 미래에 대한 불안과 예술가의 깊은 고뇌까지는 충분히 접근하기 어려웠지 않나 싶다. 동생만이 간직한 내면의 아픔은 예술가로서 평생 안고 가야했던 본성인지도 모른다.

한 피를 나눈 언니이어서일까, 아니면 예술이라는 같은 범위에 속한 삶을 살아서일까 동생의 삶이 자랑스러우면서도 한편으로 예술가의 삶의 자취를 아픈 마음으로 더듬게 된다. 동생의 본격적인 작품 활동은 뉴욕생활에 이어 강원도의 시골마을 내평리에 방치된 폐교로 거처를 옮기면서 다시 시작되었다. 자연 속에서 남편을 위해 건강을 챙겨야 했고, 절박한 심정으로

본인의 또 다른 그림인생에 대해 깊은 고민이 시작된 장소다. 미국생활 후 잠시 미루어 왔던 본인의 창작에 대한 목마름을 달래가며 마치 매일매일 묵묵히 나무를 심고 샘을 파는 심정으로 새들이 날아오기를 기다렸을 것이다. 기도와 같은 심정이었음을 짐작케 한다.

말수가 적은 동생은 그림을 그리지 않으면 초조하고 허전하다고 고백하곤 했다. 연주자가 심혈을 기울여 악보를 통해 음악을 익히는 순간이나, 텅 빈 캔버스를 마주하며 새로운 작품의 탄생을 기다리는 화가의 심정은 자신이 스스로 알에서 깨어나는 아픔의 경험인 듯하다. 작곡자의 의도를 파악하기 위해 시행착오를 거치며 기나긴 연습과정을 거치는 음악가의 삶과 두려움을 안고 텅 빈 캔버스 앞에 머무는 화가의 삶을 비추어 볼 때 예술이 갖는 신비스럽고 강한 힘을 다시금 실감케 한다. 가슴과 머리를 총동원하여 자신의 내면의 소리에 귀를 기울이며 전체적인 시야를 얻어야 하는 과정을 겪는 동생의 예술 작업을 깊게 이해하는 만큼 그 애틋함도 그에 못지않게 크다. 보일 듯 보일 듯 좀처럼 보이지 않는 그 무엇을 만나기 위해 운명적으로 동생부부가 이곳 문명과는 먼 내평리로 인도된 것은 아닌가 하는 생각을 지울 수 없다. 침묵 같이 조용한 시골 내평리에 자리한 폐교는 아무 일도 일어나지 않는 정지된 공간이었다. 동생은 고독과 싸우며 좀처럼 들리지 않는 소리에 귀 기울이며 인내를 요하는 시간을 지켜내야 했다.

드디어 긴 침묵을 깨는 응답이 한줄기 빛이 되어 동생에게로 전해졌으니 그것은 '그래, 그림이 되겠어!'라는 내면의 반짝임이었다. 큰 울림으로 찾아든 이 순간은 믿을 수 없는 기쁨과 함께 동생의 가슴을 뛰게 했다고 한다. 손을 부지런히 움직여 칠판에 어른거리는 영상을 따라가 보니 그것은 짧은 순간 뇌리에 떠오른 교실에서 뛰어놀던 사라진 아이들의 얼굴이었다.

'사라진 것들'이 다시 그림으로 환생해 돌아온 순간이다. 이런 체험들이 자기 안에 깊게 자리 잡게 되어 마치 꽃향기처럼 피어나 여러 칠판 연작들이 탄생되면서 세상에 고개를 내밀게 되었다.

우리 집 한 쪽 벽에 걸린 '여름'이라는 그림은 나의 일상생활의 먼지를 털어주는 귀한 동생의 칠판 위의 유화다. 이 그림 역시 폐교 주변의 풍경으로 과장된 미화나 이렇다 할 강렬한 색채를 배제한 채 자연 그대로의 여름 풍경을 간직하고 있다. 계절의 풍요와 청청함을 사진처럼 표현하고 있다.

한여름 연못에 비친 무성한 나뭇가지들과 쑥쑥 자란 넝쿨 숲이 햇빛을 받아 물에 반영을 일으키니 그 반짝임에 눈이 부시다. 작가는 여름의 충만함에 감사를 느낀 듯한 진한 감동을 전해 준다. 그리고 그가 느낀 자연에 대한 감동은 나에게 오롯이 선물로 돌아온다.

모든 예술 작품은 대체로 작가의 정신을 대변하는 듯하다. 특별한 장식이 없는, 아니 아무 치장도 하지 않는 작가는 늘 담담한 무채색의 옷을 몸에 걸친다. 그래도 저절로 풍겨 나오는 멋이 있다. 그의 그림도 그와 같다. 세상을 순수하고 아름답게 바라보는 동생의 시선은 무한한 믿음을 주고 있다. 따뜻하고 마음에 잔잔한 파문을 일게 하는 진솔한 작품들을 쏟아내기 시작하며 남편과는 앞서거니 뒤서거니 뉴욕과 한국의 여러 미술관에서 전시가 이어지고 있다.

창조적이 된다는 것은 무엇일까? 아마 문제가 생기더라도 피하지 않고 자기 발전의 기회로 여기고 환영한다는 의미가 아닐까. 그래서 남이 피워 놓은 불 옆에 쭈그리고 앉아 불을 쬐기보다는 직접 불을 피우는 사람이 예술가인 셈이다. 동생은 그 길을 택했고 아직도 자신에게 주어진 길을 묵묵히 걸어가는 길목에 있다고 본다.

내평리는 이제 동생 예술의 산실이자 제2의 고향이 됐다. 교실 안에 있던 어린 친구들이 환생하여 뛰어노는 폐교는 여전히 봄이 오고 꽃이 피며 흐르는 물소리로 가득하다. 아침마다 새소리를 들으며 청명한 대기의 공기를 마음껏 마시는 동생내외의 평생의 안식처가 된 곳이다. 앞으로도 자신들의 가장 안락한 은신처인 캔버스 앞에서 치열하게 상상력을 펼쳐갈 화가 동생부부를 옆에서 응원하고 싶다. 그들의 영원한 팬이 되어서.

나의 어머니

시간의 빠른 걸음을 멈추게 할 수는 없었는지 어머니는 이제 백수의 나이가 되었고 몸은 아기 같이 작아졌다. 요사이 자리에 누워계신 어머니는 인생무상을 가슴 가득 느끼게 한다.

가랑잎 같이 야윈 육신이지만 아직도 어머니의 얼굴은 아름답다고 말하고 싶다. 지금까지 걸어온 어머니의 수많은 발자국이 그러했던 것처럼 언제 보아도 고운 빛이 후광처럼 노년의 어머니 주위를 드리우고 있다. 아마도 어떤 초자연적인 힘이 젊음을 보상하고 있는 것이 아닐까 하는 경외심마저 든다. 아직도 맑은 정신으로 지난날과의 끈을 놓지 않고 있는 모습이 경건하고도 아름답다.

어머니와 시간을 같이 하다보면 큰 산을 넘어온 어머니의 일생과 만나게 되고 지나간 먼 추억을 떠올리지 않을 수 없다. 나의 피아노 여정은 어머니와 떨어질 수 없는 끈으로 이어진다.

해방직후 38선이 생기기 이전의 혼란기에 황해도에서 배를 타고 온 식구가 남하할 때 고생했던 기막힌 영화 같은 이야기는 나는 그저 들어서 알 따름이다. 그 후 서울에서의 생활은 아버지가 관직에 계신 동안 싫든 좋든 어머니 주위에 늘 많은 사람들을 거느리게 되는 생활이었다. 서울 후암동 사택에서도 연약한 몸으로 많은 식솔들의 의식주에 신경을 써야하는 나날을 보낸 걸로 기억된다. 나는 초등학교 1학년이었고 그때 나는 어머니의 손에 이끌려 피아노에 입문하게 됐다.

부산 피난 시절 그 궁핍하고 불안한 상황에서도 나는 서울대 김순렬 교수를 사사하는 호사를 누렸으니 믿기 어려운 일이다. 어머니의 굳건한 의지가 아니었다면 가능하지 않았을 것이다.

아버지가 한국은행 총재로 계실 무렵 한국을 방문한 당시의 미국 부통령 닉슨부부를 초대해 회현동 사택에서 피아노 연주를 하였다. 한국에 대해 좋은 이미지를 그분들께 선사하고 싶었던 어머니의 마음을 얼마나 충족시켜 드렸는지는 모르겠지만 고생하여 피아노를 시킨 일에 자부심을 느끼셨으리라 믿고 싶다. 어머니의 끈질긴 희망의 씨앗이 조금씩 꽃피우기 시작한 셈이었다. 그 후 성공이라고 말하기는 부족할지 모르지만 일평생 학생들을 가르치며 음악과 같이하는 생활을 누렸으니 이것 또한 어머니의 크나큰 은덕이 아닐 수 없다.

아버지가 돌아가신 지 어언 38년이 지났다. 너무 일찍 떠나가신 아버지를 기리며 그 긴 적막한 나날을 견뎌 오셨다. 큰 살림살이에서 헤어난 후 어머니는 먹과 붓을 동반자 삼아 그림 그리기에 몰두하며 마음을 다잡아가는 듯했다. 어머니 특유의 부지런함과 성실성으로 여러 점의 그림을 탄생시켰으니 화가 명희 동생이 그 자질을 대물림 하지 않았나 싶다. 문학을 전공한 동생 여애와 함께 세 자매는 예술적 감각을 어머니 배 속에서부터 가지고 나온 것이 아닐까 생각될 정도다. 피아노 앞에서 노래하는 어머니, 붓을 든 어머니, 또 집안 구석구석을 품위와 격조를 잃지 않고 박물관 같이 꾸미는 능력을 가진 어머니가 자랑스럽고 한편으로는 부러웠다.

늘 등 뒤에서 우리를 여러모로 지켜주고 계신 어머니, 만수무강하시길 기원한다. 그리고 어머니의 건강을 세심하게 보살피고 배려를 아끼지 않는 올케 선희 언니께 그동안 표현 못했던 고마운 마음을 진심으로 전하고 싶다. 어머니 머리맡에 자리한 십자가상이 우리 모두를 오래오래 함께할 수 있도록 지켜주리라 믿는다.

(*어머니 백수기념 기념집에 올린 글이다.)

반려동물의 상실

재주가 많은 막내딸은 결혼 10년이 넘도록 아이가 없다. 아니, 아예 아이를 갖지 않겠다고 한다. 결혼 초부터 광고 분야에서 일하면서 바쁜 직장생활에 얽매여 아이 가질 생각을 못했다는 이유는 납득할 만하다. 하지만 현재 애완견 '코코'가 반려견으로서 딸의 가장 소중한 자리를 차지하고 있다는 사실은 부모로서 어떻게 받아들여야할지 난감한 부분이다. 그 출발점이 어떻든 간에 딸과 '코코'의 관계는 당분간 끝을 맺을 수 없는 듯하다.

애견분양을 통해 취미대로 선택된 코코는 애견 용품에서부터 사료, 간식, 미용 등에 들어간 비용 말고도 그동안 수차례 받은 수술과 병원비만도 만만치 않아 보인다. 이번 여름휴가는 애견동반이 가능한 곳으로 여행지를 선택할 모양이다. 아니면 코코는 애견호텔에 따로 '모셔야' 한다는 얘기다. 막내딸의 눈치를 봐가며 물었다. "코코가 이제 늙어 말썽만 부리니 자연사 시키면 어떻겠니?" 우리가 던진 이 말이 상처가 되었는지 딸 내외가 우리를 찾는 횟수가 더 뜸하여진 것 아닌가 싶어 걱정이다.

코코는 확고한 주종관계를 유지하며 가족관계에서 빠질 수 없는 존재로 자리매김하고 있다. 애원어린 눈빛발사로 주인으로부터 호시탐탐 먹이를 얻어내고, 끊임없는 충성심으로 사랑을 독차지하고 있다. 심지어 다른 강아지는 아예 투명강아지로 취급하는 맹랑한 녀석이다. 출산율이 위험수위까지 떨어진 시대적 고민을 차치하고라도 이런 딸의 집착이 하나의 사회적 유행인지, 혹은 군중 속의 고독이라고 하는 현대인의 정신적 외로움의 반증이라고 하는 것인지 모르겠다.

반려동물의 수가 늘어남과 동시에 자연스럽게 이에 따르는 기록 형식을 띤 사진전이 행해지고 있다는 사실도 놀라움을 금치 못할 일이다. 생각했던 것보다 훨씬 심각한 반려동물에 대한 애착과 소유욕이 적나라하게 표현된 전시다. 아무런 사전지식 없이 사진전의 제목 '구름 그림자 영혼'이라는 제목이 눈에 띄어 호기심을 가지고 관람했다. 첫눈에 띈 것은 몇 개의 사리 모형의 사진이었다, 건너편에는 개나 새, 혹은 고양이의 박제들이 자리했다. 누구의 묘지인지도 모를 묘비에는 생소한 이름들이 적혀있어 작가의 의도가 무엇인지 어리둥절하기만 했다. 설명을 듣고 나서야 인간과 유사한 동물의 죽음을 처리하는 공간, 그리고 죽음을 기념하는 방식과 유형을 기록한 작품이었다는 것을 비로소 알게 되었다. 한국과 일본, 미국을 오가며 동물의 장례식과 화장터, 묘지와 납골당, 그리고 화장 후 남은 유골과 반려동물 박제 등을 작가의 예리한 눈으로 친절히 폭로한 사진들이었다. 오늘날의 동물은 인간과 유사한 권리와 혜택을 누리며 살고 있고, 죽음도 같은 방법으로 치러지고 있다는 사실을 목격했다.

정서적으로 의지하고 교감했던 동물들의 장례식과 추모는 맹목적인 사랑을 보여준 동물에 대한 보상이고, 책임의 표현이자 자기 위안이었을 것이다. 이 사진들은 인간들이 부여한 반려동물들의 가치를 전하는 메시지다. 그러나 나는 어쩐지 그 뒷면으로 보이는 고독한 현대인의 모습에 찡한 감정을 감출 수 없었다. '구름'은 솜털같이 여리고 순수함을, '그림자'는 늘 그림자처럼 뒤를 따르던 추억을, '영혼'은 교감하고 소통하던 존재를, 각각의 특징과 성격, 혹은 존재의 의미를 부여하여 비석에 새겨 넣은 묘비명들이다. 교감했을 때를 기억하고 싶은 인간의 과장된 애착이 여실히 드러난 사진이란 생각이 들었다. 과연 고독한 현대 도시에서 일상을 지탱해 주고 유지하는 하나의 방편이 이들 반려동물이었나 싶어 경악을 넘어 비감에 잠기기도 했다.

딸의 반려자 코코도 머지않아 죽음을 맞게 될 것이다. 그때 코코의 이름이 새겨진 비석에 꽃을 마련 할지, 아니면 가지고 놀던 장난감으로 납골당을 치장 해주고 싶어 할지 모를 일이다. 죽음 바로 직전까지 같이한 과거가 있기 때문에 쉽게 마음에서 떨쳐버리지 못할 것이다. 서로에게 얻은 힘이 있었기에 죽음에서라도 잊고 싶지 않은 마음의 표현일 것이다.

이제는 딸에게 전화할 때면 "코코는 잘 있니?" 하고 묻는다. 연로하신 할머니도 손녀딸을 볼 때면 "강아지?" 하신다. 딸이 사랑하는 코코이기에 나에게도 사랑을 줄 대상이 자연스레 하나 더 있는 셈이다. 코코의 죽음이 가져다 줄 Pet Loss에 대한 생각이 무겁게 다가온다.

산책길에서

'여행자는 돌아올 곳이 있어서 떠나고, 방랑자는 갈 곳이 없어도 떠난다'라는 말이 기억난다. 무엇이든 규칙적으로 의지력을 발휘하여 실행하는 일에 있어서 나는 약한 편이다. 그저 기분 따라 집 밖의 자연에서 벌어지는 색깔의 변화라든가 혹은 한강을 둘러싸고 있는 도심의 소리가 궁금해질 때면 언제라도 모자를 눌러쓰고 운동화를 신고 길을 나선다. 여행자나 방랑자 범위에 들지 않는 잠시 동안의 '집 떠남'이다. 하지만 이 짧은 산책도 계속 이어진다면 여행자나 방랑자라 한들 무리가 없을 듯하다. 새로운 생각과 마음으로 되돌아오는 '길 떠남'이란 의미에서 같기 때문이다.

자유로이 마음 내키는 대로 걷고 있으면 집안에 있을 때보다 더 자유롭고 편안함을 만끽하게 된다. 집 앞 동산을 지나 한강변을 걷다보면 어느덧 이웃 아파트 단지에 다다르게 되고 이 단지를 휘둘러보고 가까운 역 주변도 한번 살피고 나면 다시 집으로 향하는 길이 나의 산책이다. 앞동산으로 산책을 나가면 푹신한 흙의 촉감이 좋다. 마음은 꿈을 꾸고 발걸음은 날개 단 듯 가벼워진다. 무슨 건강상의 이유이거나 체력 단련의 목적이 아닌 그저 바람 따라 걷는 발걸음에 지나지 않는다. 공기와 빛을 한껏 몸으로 받아들이며 한가로움에 빠져든다. 따사로운 햇빛과 풀내음 따라 발길이 가자는 대로, 마음이 가자는 대로 한없이 가고 싶어진다. 콘크리트 정글과 도심차량의 소음과 만나도 나와는 상관없는 머나먼 딴 세상인 양 개의치 않는다. 가끔 날파리나 잠자리 같은 훼방꾼을 만나기도 하지만 같은 공간을 공유하며 함께 놀고 싶다는 몸짓인 듯하다.

근심, 걱정 많은 나의 고질병은 어디론지 사라지고 하늘이 무너져도, 땅이 갈라져도 아무렇지도 않을 것 같은 무사태평에 빠진다. 내 자신의 존재감이 희미해지고 몽롱한 가운데 혹시 죽음이라는 것이 이와 같을까 하는 생각이 잠시 스쳐지나간다. 특별히 행복하지도 슬프지도 않은 무념의 상태가 오래 지속되지는 않지만 이런 몽환 상태를 나는 즐기나 보다. 평상시처럼 남의 눈에 의해서 존재하는 내가 아닌 나만의 '나'가 거기에 있을 뿐이다. 발아래 밟힌 하나의 생명체인 풀과 같이 나도 자연의 현상에 따라 언제일지 모를 죽음으로 향해 가고 있는 하나의 보잘것없는 또 하나의 생명체에 불과하다는 생각을 해본다. 어차피 빈손으로 왔다가 빈손으로 떠나는 여정이라면 평생 나그네의 신세가 된다 한들 어떠랴.

짧은 산책 후 집으로 돌아오면 따듯한 차 한 잔이 기다리고 있고 오디오에서는 Bach 음악이 흘러나온다. 방긋 웃으며 주인을 반기는 화초들이 있고 붉게 물든 저녁노을은 나를 매혹시킨다. 바다에 조수가 밀려오는 듯한 행복감이 온몸에 밀려온다. 아무것에도 구애받지 않는 자신을 발견하고 편안함과 따사로움에 몸을 맡긴다.

잠시 일상적 틀 속에서 해방될 수 있었던 집 떠남에서 얻은 마음의 여유가 이토록 충족감을 선사하니 고맙기 그지없다. 이 넉넉하고 따뜻한 느낌이 가시기 전에 다시 산책길에 나서야할까 보다.

3.
더 늦기 전에

네 손의 속삭임

때마침 인기 TV드라마 '밀회'가 방송을 타면서 피아노 위에서 펼쳐지는 듀엣연주의 매력이 세상에 전파되기 시작했다. 주로 음악회장에서 만날 수 있었던 음악이 대중으로 파고든 시초가 됐다. 특히 극중 남녀 배우가 연주하는 건반 위 네 손의 속삭임은 모든 청취자에게 색다른 경험을 안겨준 계기였음이 분명하다.

여선생과 남성 제자가 파트너가 되어 연습을 거치는 중 친밀해지고 연인 관계로까지 발전하는 드라마는 끝내 불륜으로 치닫는다. 하지만 가슴을 파고드는 두 피아니스트의 음악은 드라마 전편을 통해 품격과 감동으로 물결치게 한다. 이 은밀하고 강렬한 드라마는 많은 사람의 입에 오르내리면서 여러 방송 매체에서 음악이 누구의 작품이며 어떻게 탄생되었는지까지 관심을 보이기 시작했다.

드라마로 유명해진 듀엣 곡 '슈베르트의 환상곡'이 공교롭게 나와 나의 파트너의 2인 음악회 무대에 첫 곡으로 선정되자 우리 연주가 흥미를 끈 조그마한 이유가 되기도 했다. 하지만 우리의 연주는 불륜과 같은 극적인 요소도, 눈을 사로잡을 만한 눈요기도 배제된 상태에서 순수한 음악으로 무대에 올려야 하는 소박한 여건만을 갖추었을 뿐이었다. 음악은 서로의 마음을 통하게 하는 마력이 있으니 오로지 그 힘을 믿고 혼연일치를 이루기 위해 연습에 연습을 거듭하는 수밖에 없다.

듀엣연주는 그 체질상 서로 까다로운 연습과정을 거쳐야 한다. 상대와 좋은 친구로 남든지 아니면 원수지간이 된다는 속설이 있을 정도다. 어느 피아니스트한테나 암암리에 경쟁의식은 존재한다. 하나의 음악을 둘이 나누어야하는 연주는 이런 경쟁으로 흥미로워질 수도 있지만 자칫 망칠 위험도 크다. 나에게는 외로운 독주보다는 함께할 수 있는 듀엣 연주의 기쁨이 더 컸었다. 요번 음악회를 정성으로 준비하면서 나와 파트너와의 음악이 점점 틀이 잡혀갔고 상대의 음악세계와 만나는 통로가 되기도 했다. 연습을 끝으로 우리는 연주무대에서의 행운을 기원했다.

무대 위에서 네 손을 올려놓은 피아노 앞에 서로 붙어 앉아 좁은 공간에서 각각의 움직임을 살피고, 눈길로 소통하고, 상대방의 호흡을 느끼면서 연주를 진행해 나갔다. 행운이 우리 편인 듯 순조로운 시작과 함께 좋은 연주를 예감할 수 있었다. 무대 위에서의 긴장감이 오히려 강한 집중력과 함께 하나로 뭉치게 해주는 듯했다. 서로를 바라보며 미소 지을 여유도 생겼다. 아름다운 반주에 주옥같은 멜로디가 화답하듯 둘의 대화가 이어지는 동안 상대방의 오른손이 나의 왼손과 부딪치기도 하고 페달을 담당한 파트너의 오른발이 나의 왼쪽 다리와 밀착되기도 한다. 조금의 실수는 아무 문제가 되지 않는다. 우리는 서로를 믿고 하나의 음악에만 전념하면 된다. 이미 둘이 아닌 음악으로 뭉친 한 몸이 된다.

'밀회'의 종편에서 남녀의 사랑을 표현한 두 단어는 '헌신'과 '정성'이었다. 비리와 복잡한 알력으로 도배된 드라마가 서로에게 헌신과 정성이 가득한 두 피아니스트의 연기로 인해 아름다운 결말을 고하며 끝난다. 둘 사이의 사랑을 그들이 연주한 음악과 마찬가지로 순수했음을 부각 시킨 드라마다. 두 열정적인 피아니스트의 모습을 다시금 생생하게 기억하고 싶어진다. 서로의 손이 교차하거나 부딪칠 때 그들은 깔깔대며 더없는 행복감을 발산하지 않았던가. 과연 연인이나 부부가 즐기는 듀엣곡의 정수를 보여주었다.

우리의 연주도 둘의 화합과 우정이 묻어난 무대였다면 틀린 말일까. 지난 연주를 회상하며 새삼 뿌듯한 감회에 젖어본다. 듀엣연주를 통해 서로를 좀 더 이해하는 행복한 동반자가 되지 않았나 싶어 만족스럽다. 혹시 나 혼자만의 생각이 아니길 바라는 마음이다.

같이 연주하자는 제의에 많이 망설였지만 적지 않은 나이에 나를 마침내 무대에 설 수 있도록 독려해준 고마운 동료다. 나에게는 용기를 내어 오랜만에 오른 무대였기에 기쁨은 두 배로 크게 다가온다.

음악회 준비 과정에서 끝없는 배려를 보여준 후배 피아니스트에게 깊은 우정으로 화답하고 싶다. 떨림, 청중의 박수갈채, 그리고 음악을 서로 나눈 파트너와의 우정을 오래도록 기억하고 추억하고 싶다.

쉰 번의 봄은 너무 짧구나

어둡고 바람이 많이 불어 벚꽃이 다 져버릴까 가슴 졸이며 저무는 거리로 나섰을 때, 시인의 마음이 나의 마음과 마주쳤다. 영국시인 하우스먼(A.E. Housman)은 벚꽃이 만발한 길 위에서 안타까운 마음을 다음과 같이 토로한다.

나무 중에 제일 예쁜 나무, 벚나무
내 칠십 평생 중 스무 해는 다시 돌아올 길 없으니
일흔 몸에서 스무 해를 빼면 내게 남는 것은 오직 쉰 뿐
만발한 벚꽃을 보기엔 쉰 번의 봄은 너무 짧구나.

스무 살의 젊은 시인은 그의 생애에서 스무 번의 봄이 지나

갔다고 한탄 하며 나이가 많이 들어 좋아하는 꽃을 더 이상 보지 못하게 되지 않을까 조바심을 낸다. 꽃은 피고 지는 법. 벚꽃이 만개한 절정의 순간이 지나면 그 다음은 쏟아져 내리는 꽃비로 나무의 한때를 마무리하는 마지막 신고식을 치른다. 그 자체로 더없는 아름다움이기도 하지만 또한 떠나보내야 하는 서글픔이기도 하다.

이렇듯 꽃이 피고 지는 것은 우리네 삶과 다르지 않다. 시인은 꽃의 단명함과 동시에 인생의 유한성을 함께 애처로워하고 있다. 그저 물 흐르듯 흔적 없이 사라지는 것이 세월이지 않는가.

우리의 인생을 짧게 표현한 일본의 하이쿠(단가) 작가 잇사가 남긴 글이 심금을 울린다. 마치 전등을 켠 것처럼 환한 벚꽃이 오늘 밤이 지나면 흑백의 기념사진이 되어 두고두고 기억속의 옛날의 모습으로 남을 아쉬움을 전한다.

밤에 핀 벚꽃 오늘 또한 옛날이 되어버렸네.

지난 사월 온천과 하나미(꽃구경)를 위해 일본을 다녀왔다. 따스한 봄날 구름다리가 멀리 보이는 그곳에는 만개한 벚꽃이 하늘과 땅을 온통 뒤덮고 있었다. 살랑대는 벚꽃 나무 아래 돗자리를 깔고 삼삼오오 앉아 도시락을 먹고 있는 모습은 천상의 광경을 상상케 했다. 미소 짓는 벚나무 아래 천상병의 시 「귀천」의 한 구절이 메아리친다.

> 아름다운 이 세상 소풍 끝내는 날
> 가서 아름다웠다고 말하리라.

시인 하우스먼이 말하는 칠십 평생을 이미 넘어선 나는 이제 몇 번이나 벚꽃 피는 봄을 맞을 수 있을까. 시인은 눈처럼 하얗게 만발한 벚꽃을 보는 것만으로도 큰 축복임을 거듭 일깨우고 있다. 이제 그리 바랄 것도 없는 쓸쓸한 나이가 되었다. 누구의 관심도, 눈길도 끌 수 없는 여자가 되어버렸다. 모든 얽힌 그물에서 비로소 자유를 맞게 되었지만 이제 내가 누리는 자유는 쓸쓸한 자유다. 어느덧 나에게도 황혼은 지고 어둠이 내려앉는 날을 기다리는 나날이니.

내 인생에서 벚꽃처럼 아름답게 핀 절정의 순간이 몇 번이나 있었는지 기억해 봐야겠다. 화려하지는 않아도 소소한 아름다움 앞에서 설레고 기뻤던 기억이 추억 속에 서성인다.

속절없이 내리는 꽃비처럼 나의 인생도 초록의 여름은 지나고 상실감에 젖어드는 가을은 피할 수 없나 보다. 그러나 몇 번이 될지는 모르지만 화창한 사월의 봄이 아직도 내 앞에 있다는 것만으로도 감사해야지. 쉰 번은 아니더라도 기다림이 있는 인생은 얼마든지 아름다운 소풍길이 될 수 있으니까.

더 늦기 전에

낯설고, 두려운 강 저편은 어떤 곳일지 아무도 모른다. 육신이 무너지면 그 강을 건너야 한다. 우리 모두 그 강 앞에 서 있다.

영화가 끝났다. 불이 켜졌다. 그런데도 관객은 자리를 뜨지 않는다. 눈물이 그렁그렁한 초점 없는 눈으로 스크린만 바라볼 뿐이다. 자막에서 흘러나오는 할머니의 독백이 이어진다. 강 건너간 할아버지의 이별에 할머니는 강 이 편에서 흐느낀다.

"추워서 어째? 할아버지 생각하는 사람은 나밖에 없는데."

영화 '님아, 그 강을 건너지 마오' 속의 주인공인 할아버지,

할머니는 어디에 가더라도 고운 빛깔의 한복을 입고 두 손 꼭 잡고 걷는 팔구십 대의 노부부다. 봄에는 꽃을 꺾어 서로의 머리에 꽂아준다. 여름엔 개울가에서 물장구를 치고, 가을엔 낙엽을 던지며 장난을 친다. 겨울에는 눈싸움을 하는 매일이 신혼 같은 백발의 노부부다. 스크린 속에서 환한 웃음 짓는 할아버지도 어느새 기력을 잃고 잦은 기침소리와 함께 죽음 앞에 놓인 슬픔과 눈물이 된다. 끝내는 할머니만을 남기고 세상을 등지고 만다. 할아버지, 할머니의 지워지지 않는 아름다운 얼굴을 우리 가슴에 마지막으로 남겨놓고 떠났다. 이렇게 아름다운 얼굴을 남기고 '그 강'을 건넌 영화 속 노부부라면 잘 살다 간 복된 인생이라 누가 말하지 않겠나.

며칠 전 사진 한 장이 필요해 사진관에 갔었다. 나이를 의식해서인지 카메라 앞에 서면 왜 그리 어색하고 자신감이 없어지는지 모르겠다. 사진에 나온 자신의 얼굴에 놀라움과 함께 현실을 받아들여야하는 두려움이 엄습했다. 생기를 잃은 얼굴에 주름살로 인한 연륜의 고랑만 깊이 파였다. 문뜩 살아갈 날이 살아온 날보다 턱없이 짧다는 사실. 부정 못할 사실 앞에 삶의 무게가 실감나게 가슴 깊게 와 닿는다.

나도 곧 결혼 50년 차를 맞는다. 오랫동안 시간 속을 걸어왔다. 그런데 아직도 많은 것이 아쉬움으로 다가온다. 남편과 같이 한 서툴렀던 지난 시간들이 후회스럽기도 하고 숙제가 아직 남은 듯 미진하다. 부부는 서로 만남을 통해 무언가 얻기를 바란다. 그래서 내가 채워지고, 힘이 나고, 마음이 부유해지기를 꿈꾼다. 그래야 보람 있는 만남이라고 생각한다. 그래서인지 아직도 기대에 어긋나면 상처받고 상대방 앞에서 때때로 투정을 부리게 되는 것인가 보다. 또 나의 중심이 흔들리는 것은 손해 보는 것 같아 양보가 쉽지 않다.

곰곰이 생각하면 우리 부부가 아직 가끔씩 하나가 되지 못하고 티격태격하는 것은 서로 자신을 버리지 못하기 때문인 듯하다. 이제 둘이 다 같이 끝을 향한 삶의 길을 걷고 있다. 어찌 보면 이 또한 나쁘지만은 않은 자신의 운명을 완성해 가는 길인지도 모른다. 이제 욕심을 내려놓아도 좋을 나이다. 그리 속상해 할 일도 없고 그저 할 수 있는 일만 하고, 할 수 있는 만큼만 열심히 하면서 살기로 마음먹으면 되는 것 아니겠나. 때로는 속상하고 마음 아픈 날도 있었지만 어디 나만 그랬겠는가. 시간이 흐르면 서로 용서하게 되고, 이해하게 되고, 또 아쉬운 마음으로 모든 것을 바라보게 되는 것 아닌가. 이 세상 떠날 때 내가 머문 자리의 흔적이 어떤 모습일지 잘 떠오르지 않지만 그것 또한 그리 중요하지 않을지도 모른다. 묵묵히 순응하면서 '그 강'을 바라볼 따름이니까.

영화 속의 주인공 부부는 서로 하대하지 않고 존칭을 쓴다. 배려와 존중이 없으면 사랑이 뿌리내릴 수 없는 것인가 보다. 나와 함께 영화를 같이 본 13살 손녀는 영화 속에서 할아버지와 할머니의 다정다감한 모습에 깊은 인상을 받았나 보다. 집으로 돌아와 식사 도중에 영화를 본 소감을 묻자 손녀는 "할아버지가 할머니한테 정말 잘해 줘요." 한다. 듣고 있던 남편은 "내가 너의 할머니한테 얼마나 잘해 주는데! 네가 그 걸 알아?" 라고 하자 손녀는 "그런데 할아버지, 할아버지는 할머니 머리에 꽃 꽂아드린 적 있어요?" 한다. 할 말을 잃은 듯 묵묵부답인 남편.

손녀의 눈에 비친 우리 부부의 모습이 영화 속의 할아버지 할머니와 달리 보였을지도 모르겠다. 서로 존칭도 쓰고 있지 않고, 평상시는 늘 각각이어서 콩깍지 안에 콩알들이 옹기종기, 오순도순 사는 영화 속의 주인공처럼 알콩달콩한 모습은 본 적이 없었을 테니까. 서로의 머리에 꽃을 꽂아주는 우리 노부부의 모습을 손녀가 볼 수 있는 날이 올 수 있을까? 더 늦기 전에. '그 강'을 건너기 전에.

마음으로 듣는 음악

아는 만큼 들리고, 들리는 만큼 느낄 수 있다면 그리 틀린 말은 아닌 것 같다. 어제 TV에서 운 좋게 우리 음악계의 보배 피아니스트 백건우의 연주를 듣게 되었다. 오래간만에 한 줄기의 빛이 되어 내 마음속에 최상의 음악을 심어준 연주였다. 갑자기 나의 지난 경험이 한꺼번에 빛의 반짝임이 되어 찾아든 시간이었다.

베토벤을 모르는 사람은 드물 것이다. 그의 천재성은 인류를 더 나은 존재로 격상시키고 위로하는데 사용되고 있지 않나 하는 생각을 하게 된다. 한 음 한 음을 그냥 지나칠 수 없을 정도로 혼신을 다하는 백건우의 연주는 귀를 사로잡고도 남았다.

그의 연주로 더욱 빛을 발한 베토벤의 피아노 협주곡 3번은 가슴 울렁거림과 격정의 순간들을 다시 한 번 내 추억 속으로 파고들게 했다. 오래전 일이지만 세종문화회관에서 서울시향과의 협연으로 실지로 직접 연주했던 곡이어서 나의 기대감은 무엇과도 견줄 수 없을 만큼 컸다. 많은 청중 앞에서 피아노에 앉아 한껏 움츠러들었던 나의 지난 연주 때의 모습과는 많이 달랐다. 백건우의 명장다운 연주는 베토벤 음악이 손에 잡힐 듯 가깝게 다가왔다. 결연한 성격을 띤 1악장의 도입부와 초연하고 순화된 감정의 느린 라르고는 나를 깊은 추억 속으로 불러들였다. 보석 세공인의 세밀하고도 민첩한 솜씨로 오케스트라와 한 호흡으로 대화를 이어갔다. 나로서는 한 순간도 놓칠 수 없는 긴장의 순간이었다.

베토벤은 매일 수목 사이를 산책하며 그들의 이야기에 귀를 기울였다고 한다. "숲의 전능자여! 나는 숲에 있어서 기쁨에 넘치고 행복하오. 그것은 그들을 통하여 어느 나무든 나에게 이야기 해 주기 때문이오."라고 숲에 대한 사랑을 고백했다. 그가 등에 업고 있는 무한의 고뇌와 이런 자연과의 고독한 교감은 신에게까지 다가가는 상승의 길로 이어졌다. 운명의 그림자가 어리어 있는 그의 음악은 그 고통을 이겨내는 과정에서 점점 숭고하고 초자연적인 성격으로까지 발전해 나갔다. 우리가 듣고 있는 행복과 기쁨에 찬 밝고 발랄한 음악은 절박한 곤경에 빠져 있던 대음악가의 삶에서부터 탄생된 작품들이다. '운명과의 싸움꾼'인 베토벤은 마음속 깊이 서정성을 간직한 천재이며 지금도 만인의 가슴속에 살아있는 온전한 힘이 되고 있다.

백건우는 이 위대한 음악의 해석자로 무대에 서 있다. 천재와 청중 사이의 중개자가 되는 일이다. 악보를 정확하게 읽고 파악하는 것은 피아니스트의 가장 중요한 능력이지만 더 나아가 작곡가의 손끝에서 탄생한 생명체와 같은 작품을 잠에서 깨워 살아있는 사랑의 존재가 되도록 돕는 사람이 곧 연주자일 것이다. 독주자는 열정적인 시를 읊는 주체이기도 하고, 때로는 장엄하고 영웅적인 존재로 변하기도 한다. 벽돌을 하나하나 쌓아올린 질서정연한 건축물 같은 음악은 작곡자의 자서전이라 불릴만하다. 이 자서전은 온갖 어려움을 거쳐 '영예의 별'에까지 닿은 정신적 기록으로 볼 수 있다.

머리숱이 듬성듬성하고 선한 얼굴에 깊은 주름이 눈에 띄는 백건우가 위대해 보이는 이유는 그의 예술이 모든 삶과 인류의 경험을 감싸 안고 있기 때문일 것이다. 장대함과 부드러움, 마법과 흥분이라는 면에서 아무도 능가할 수 없을 만큼의 연주자임을 확인해준다. 연주자의 진심어린 내면은 그의 연주를 통해 어렵지 않게 거울같이 비쳐준다. 무엇보다 위대한 베토벤의 손

색없는 해석자로서 가감 없이 오롯이 음악에 헌신한 그의 노고와 성실성에 큰 박수를 보내지 않을 수 없었다.

음악은 악보가 있지만 읽는 동시 이해되는 글과는 다르게 악보를 머릿속에서 음향으로 상상하여 들어야 한다. 음악은 그래서 해석자 즉, 연주자가 실연하는 과정이 필요하다. 그것도 작품 전체를 한 순간에 파악해서 드러내야하는 시간적 예술이다. 피아노는 피아니스트의 손끝에서 노래하는 인간의 목소리로 변할 수도 있고 다른 악기들의 음색을 모방할 수도 있다. 오케스트라가 될 수도 있고, 무지개나 우주의 음향으로 변할 수도 있다.

피아니스트에 대한 칭송은 끝도 없이 늘어놓을 수 있지만 이 세상 피아니스트들의 수준은 천차만별이다. 나는 전공은 하였지만 백건우와는 비교할 수 없는 한낱 아마추어에 지나지 않는다. 이제 베토벤 협주곡 3번을 다시 연주할 능력이나 기력은 남지 않았다. 하지만 이 곡을 오래전에라도 연습하여 무대 위에서 연주한 경험이 있었던 것은 천만다행한 일로 여겨진다. 왜냐하면 음악을 통하여 지상에서부터 환상의 세계에 이르는 풍성한 풍경을 느끼고 들을 수 있는 귀를 키울 수 있는 귀중한 공부였기 때문이다. 또한 작곡자의 위대함을 드러냄으로서 그 천재성을 증명해준 해석자 백건우의 연주에 크게 공감하고 진심으로 존경할 수 있는 예민한 귀를 열어준 지름길이 되었기 때문이기도 하다.

백건우는 데뷔 60년째의 독주회를 앞둔 마음을 다음과 같이 대변한다.

"젊을 때는 연주에서 나를 증명해야하고 청중을 설득해야했다. 하지만 이제는 음악을 참 편하게 다룰 수 있고 즐길 수 있게 됐다."

자신을 딛고 일어선 연주자만이 할 수 있는 말로써 그의 음악인생을 감동적으로 바라보게 한다.

눈을 감은 채 그의 음악에 나 자신을 온통 맡겨버린다. 들리는 귀와 그 느낌만이 존재한다. 그가 즐기듯 나도 똑같이 음악의 선율을 타고 있다.

딸에게 보내는 편지

한 일간지에 독일 메르켈 총리가 마트에서 장을 보는 여유 있고 느긋한 모습이 담긴 사진이 눈에 띄었다. '아! 저런 분도 손수 장을 보는 구나' 자못 신선한 충격이었다.

남편을 위해 저녁상을 준비해야 하는 책임감 같은 느낌보다는 여유롭고, 여자로서의 삶도 만끽할 줄 아는 멋진 정치가라는 생각이 들었다. 삭막한 정치계의 남자들 틈에서 잠시 벗어나 하루 중 일부 시간을 요리로 머리를 식히고 남편과 식사를 즐기는 일은 여자의 최고의 행복이며 또한 여가일 것이다. 일상의 자유를 누리며 마음껏 즐겁게 사는 우리 이웃 여인네들과 다를 바 없는 모습이다. 그가 독일의 강한 지도자이며, 자상한 엄마 '무티'로 불린다는 것은 그의 남다름의 표현이 아닌가 생각하게 된다. 과연 워킹맘으로서 고민과 어려움을 모르는 여성으로 살았을까? 그건 아닐 것이다. 보이는 것이 다가 아닌 것처럼 그 한 장의 사진은 정치가로서 또 한 여자로서 삶에 호기심을 일게 했다. 나의 딸의 생활을 떠올리지 않을 수 없는 사진이었다.

피로에 지친 딸을 보는 엄마의 마음은 안쓰럽고 또 걱정스럽다. 늦은 저녁마다 이어지는 회식자리와 좋든 싫든 아침 8시 회의가 있을 때마다 헐레벌떡 회사로 향하는 생활을 이어가고 있다. 이것이 딸의 운명일까? 우연인지 필연인지 대학 졸업 후 지금까지 한 직장에서 일한 지 어언 25년째다. 하지만 청운의 꿈을 안고 사회생활을 시작한 딸도 선택의 기로에서 방황한 일이 한두 번이 아니었다. 아이를 키우며 숨 가쁜 집안일에서나 건강상에 균형을 잃었을 때 더욱 그렇다. 무한한 능력을 요구받는 회사에서 균형을 잃지 않기란 오랫동안 그 생활 속에 익숙해져서 이골이 나지 않는 한 버텨내기가 쉽지 않다. '이렇게 계속 살아야 하는 건지?' 혹은 '탈출구는 없는지?'를 끊임없이 고민했을 줄 안다. 대학 졸업과 함께 좋은 머리를 타고난 딸을 믿었기 때문에 대학원 진학을 종용했었지만 본인의 의지를 부모도 꺾을 수 없었다. 두 갈래의 길 중 학업을 포기하고 선택한 굴지 컴퓨터 회사인 IBM에 몸 바쳐 일하며 살아가고 있는 딸이다.

일에 치여 자유를 통째로 빼앗긴 빠듯한 생활에서 이제 정신적으로나마 조금씩 여유를 찾으려는 의지가 엿보이는 딸은 이미 중년을 넘어선 나이다. 옆에서 보는 사람도 숨통이 트이는 듯하다. 연륜이 쌓이면서 승진과 더불어 몸담고 있는 회사에 애사심과 더불어 자신감도 생기고 보니 출 퇴근 길이 훨씬 가벼워 보인다. 일에서 벗어나 자신만의 '일의 스타일'을 만들 시기가 온 징후인가. 일에 끌려 다니지 않고 일의 주인이 되어준다면 더 바랄 것이 없겠다.

그동안 딸의 삶에서 일은 얻었지만 대신 잃은 것도 크다. 개인 시간과 휴식이다. 이제는 잠시라도 일상에서 벗어나기 위해 휴가도 계획대로 조절해 나가려는 변화된 모습이 보인다. 일의 능력이나 자신의 정신 건강을 관리하는 차원에서 푹 쉬는 것도 확실히 챙긴다. 어느 정도 마음의 사치를 누릴 자격이 있다고 스스로를 다독이는 모습이다. 자신의 생활을 요리하는 능력과 자격을 갖추었기 때문에 가능한 일이라면 다행이다. 이제 더 늦기 전에 기계와 같은 생활에서 벗어나고 싶은 갈망이 있을 것이다. 침대 머리맡에 읽을 책이 눈에 띄는 것도 반길만한 일이다. 아직도 매일이 허덕이는 전쟁 같은 삶이지만 훌훌 털고 여유를 찾고 싶은 딸의 마음을 누구보다 응원해 주고 싶다.

젊은 날의 고생은 돈을 주고도 못 산다는 말이 있다. 젊은 날의 고생이 자양분이 되어 오늘이 있는 것이니까. 나의 지난 워킹맘으로 산 모습과 딸의 현재생활이 겹쳐지는 부분들이 많다. 60대까지 일과 가정을 지켜온 처지에서 누구보다도 딸을 공감하고 이해할 수 있는 입장이다. 한 여자로서 회사에서 여러 역할을 동시에 해내야 하는 어려움도 있겠지만 여성의 섬세함과 성실함으로 이겨낸 지금까지의 시간들에 자부심을 가지고 앞으로도 하루하루를 행복한 워킹맘의 길을 유지해 가라고 격려해 주고 싶다. 삶을 욕심 없이 긍정적으로 끌고 가야할 이유는 충분히 있다. 현재의 직장이 짐이 아니고 자신의 성취를 이룰 수 있는 둘도 없는 소중한 공간이었음을 후에 깨우치게 될 것이기 때문이다. 먼 훗날에도 누구도 아닌 자신을 위한 보람 있고 즐거운 인생길로 추억됐으면 한다.

나 역시 워킹맘으로 살아오면서 자라나는 아이들에게 미안하고 부끄러웠던 일 몇 가지가 떠오른다. 학원에 갔다 늦게 돌아온 막내딸의 초인종 소리를 깊은 잠에 빠져 듣지 못했다. 차고 문을 직접 들어 올려 겨우 집안으로 들어왔던 일을 뒤늦게 알아챘다. 다른 엄마들은 그 시간에 차를 운전하여 학원까지 데리러 온다는 사실을 알았을 때 피곤했었다는 핑계만 대고 제대로 미안하다는 사과의 말도 안 했던 것 같다. 큰딸의 대입을 앞두고 중대한 진학문제를 담임선생과 의논했을 때 어머니의 결정에 맡기겠다고 한 말에 몹시 당황했던 일이 생각난다. 정보가 턱없이 부족한 상태에서 올바른 선택을 할 수 있을지 자신이 없어 겁이 덜컥 났었다. 그 딸이 책상 앞에 앉아 졸고 있을 땐 자격지심 때문에 대놓고 나무라지도 못했다. 바쁜 중에 아들의 발열을 방치해 큰 병을 키운 적도 있다. 무책임하고 실수투성이 워킹맘 밑에서 자란 세 자식들이 지금만큼 자립심 있게 자라준 것은 천운이었고, 엄마 탓을 할 줄 모르는 그들이 고마울 뿐이다. 긴 터널을 지나온 지금 그때가 행복했었다고 감히 말하고 싶다.

독일 총리 메르켈은 평범한 직장여성에서 비범한 정치인으로, 또한 뚝심 있는 조율의 리더십으로 세계에서 가장 영향력 있는 여성이 되었다. 편안한 삶보다는 거친 삶을 살며 난관을 돌파한 철의 여인이다. 그 존경스러움은 어떤 고난에도 두려워하지 않고, 항상 할 수 있다는 긍정적인 자신감과 또한 도전의식 때문이었을 것이다. 현재 잘 하고 있는 딸이지만, 평소에 하고 싶었던 당부도 바로 그 말이다.

'딸아, 두려워 말고 도전해라. 늘 긍정적인 자신감으로 행복한 워킹맘으로 살아가길 바란다. '무티' 메르켈의 매력, 즉 포용력과 따듯함을 너의 모습에서도 만나고 싶은 것이 엄마의 간절한 마음이라는 것. 그리고 그것은 행복한 마음에서부터 온다는 것 또한 잊지 않았으면 한다. 사랑한다. 너도 자신의 삶을 아이처럼 끌어안고 사랑해라.'

명품과 품격

1970년 즈음 내가 한창 아이를 낳고 기를 때에는 시대의 조류가 그러 하였던 것처럼 애국심에 호소하여 질이 다소 낮더라도 국산품 애용을 고집하였다. 그 당시 주거는 주택에서 아파트로 대거 이동하였고 주부들의 생활 패턴이 현저하게 변해가고 있었다. 모르는 사이 사회 분위기가 바뀌면서 분수에 넘치더라도 남에게 보이고 드러내기 위한 소비형태가 지배하기 시작한 시기였다.

연년생 세 아이를 키우려니 당연히 백화점보다는 시장을 찾았고, 메이커 있는 물건보다는 나의 안목을 기준으로 검소한 물건을 주로 선호했다. 이러한 엄마를 늘 불만스럽게 생각한 아이는 딸이 아닌 아들이었다. 시장에서 운동화 열 켤레 사느니 '나이키화' 한 켤레 사달라고 떼를 썼다. 어느덧 대학생이 된 아들은 자주 나와 함께 백화점 다니길 좋아했다. 백화점의 편리함과 장점을 늘 핑계 삼았다. 눈으로 보는 것이 많아 한편 현혹되는 것도 많았다. 한 가지 다행스러웠던 일은 우리 둘의 기호가 크게 어긋나지 않아 아이쇼핑도 즐겼다. 내가 "이거 참 예쁘네!" 하면, 아들은 주저 없이 "사세요. 왜 망설이세요?" 한다. 늘 그런 식으로 아들과의 동행을 즐겼다. 아들은 물건에 대한 안목이 남달랐고 다른 분야에서도 미의식이 뛰어난 감각 있는 청년으로 성장했다.

공부가 끝난 아들은 운명처럼 홍콩에서 서울을 오가며 일하는 직장에 몸담게 되었다. 어느 날 아들은 선물이라며 그 비싸다는 명품(名品) 가방을 나에게 안겨 주었다. 며느리도 옆에서 "어머님, 잘 어울리는데요." 하며 맞장구를 친다. 당연히 감동했어야 했다. 하지만 낭비벽을 나무라며 왠지 솔직하게 기쁜 마음을 표현하지 못했다. 좋아만 할 수 없었던 이유가 한두 가지가 아니었다. 우선 아들이 부담했을 가격에 마음이 편치 않았다. 또 어울리는 화려한 옷을 입고 가방을 들고 보란 듯이 외출할 수 있을지 자신이 없었다. 일색을 갖추고 사치품으로 휘감은 내 자신을 상상하기 어려웠다. 마음에 느끼는 부담감과 함께 행동이 자유롭지 못할 것만 같았다. 사람이 아니라 가방이 걸어가는 어색한 모습으로 보일 것만 같은 걱정도 있었다. 아들은 낭비가 아니라며 질 좋고, 독특하고, 희소성 있는 물건이 결국은 평생 써도 질리지 않는다며 명품예찬론을 폈다.

우리 가족이 한때 경제적 어려움으로 내가 힘들어할 때 "어머니, 우리는 괜찮을 거예요. 힘내세요." 하며 위로를 해주던 아들이 이제 능력을 갖춘 멋쟁이로 내 앞에 있으니 그 모습을 새로운 감회의 눈길로 바라보게 되었다. 이제 세태에 따라 나도 조금은 세련되어진 걸까? 아들의 귀티 나고 군더더기 없이 깔끔한 스타일이 좋아 보인다.

유럽귀족들의 전유물이었던 명품이 시대의 변화를 거쳐 아들에게까지 그 유행이 미치고 있으니 그 힘이 놀랍다. 명품하면 값비싼 것만을 의미하지 않고 때로는 값으로 환산할 수 없을 만큼 그 자체만으로 무한한 가치를 가진 듯하다. 너나없이 하나쯤 소유하고 싶어지는 이유일 듯싶다. 장인의 손길로 완벽주의를 추구하며 예술품의 경지에까지 도전하는 것이 이름 그대로 명품이다. 때와 장소를 가릴 줄 모르는 모습도 낯 뜨겁다. 명품의 품격에도 어긋나는 일인 듯하다.

'안목은 즉 돈이다'라고 하듯 명품이 누구나 감당할 수 있는 가격이 아니라는 점 역시 무시 못 할 일이다. 명품은 최고의 품질로 선택의 폭이 넓다는 장점을 두루 갖추고 있어 고가를 불문에 붙인다면 시간의 낭비 없이 명장들의 물건을 사는 즐거움은 무엇에도 비교할 수 없는 유혹일 것이다.

나도 어느새 명품 옹호자가 되어있지만 부담 없는 가격으로 고르는 재미가 있는 시장이나 동네가게를 아직도 선호한다. 가격이 싸다고 손쉽게 물건을 구입하여 실패하는 경우도 더러 있지만 여러 벌을 가지고 이리저리 맞추어 소화시켜가며 입는 것도 기분 전환에 그만이다. 명품은 무엇이 달라도 다르다는 것, 그래서 그 가치를 백 프로 인정하면서도 사치라는 생각을 떨치지 못하고 있다. 명품 사랑은 젊음의 멋을 한껏 뽐낼 수 있는 사람들의 몫으로 돌리고 '늙은이'는 휘말리지 않고 평소처럼 부담 없고 튀지 않는 평범한 스타일을 고수하련다.

"어머니, 가방은 잘 들고 다니세요?"

외국에 살고 있는 아들의 질문이 전화선을 타고 들려온다.

"어, 그냥 가끔."

"왜요? 어머니도 참. 어머니 연세에는 들고 다니셔도 되요."

유쾌한 아들의 고마운 마음이 느껴진다.

장롱에 모셔둔 명품 가방을 빛을 보게 해줘야겠다. 역시 아무데나 들고 다니기는 부담스러우나 가끔 뽐내보고 싶은 생각이 스멀스멀 날 때도 있다. 그래서 아들도 즐겁다면 누가 말리겠나. 어쨌든 명품족에는 끼지 못하겠지만 하루의 기분전환은 가능하겠지.

어머니의 꿈

올해도 예외 없이 식구들이 다 모였다. 조상으로부터 입은 음덕에 감사하는 마음으로 차례상을 올려 설날을 지냈다. 하지만 자리보전하고 누워계신 백수의 어머니는 30명가량의 자손들과 한자리에 같이 하지 못했다.

예전엔 할아버지, 할머니, 아버지의 영정을 나란히 모신 차례상 옆에서 자손들이 조상들에게 예를 올리는 모습을 지켜보며 늘 흐뭇한 모습을 지녔던 어머니다. 몸이 더 이상 허락하지 않아 올 추석에는 한 평 남짓한 방 한 구석에 놓인 작은 침대에 홀로 누워 먼저 가신 한 분 한 분을 머릿속으로 떠올리는 호젓한 모습이었다. 하늘의 길이 점점 더 가까이에 와 있음을 되뇌며 인생무상을 느끼고 계신 듯했다.

며칠 전에는 당신이 가실 때 입을 수의에 대해 언급하며 마지막 길에 병원에 가지고 갈 준비가 잘 되고 있는지 확인하고 싶어 했다. 어머니가 보고 계신 자리에서 직접 상자를 열어 보여드린 후 새색시가 시집갈 때 혼숫감을 싸듯 분홍색 보자기로 조심스레 싸서 다시 상자에 넣어 드리니 그제야 안심하며 편안한 기색을 보였다. 준비는 다 되었으니 이 세상을 하직할 일만 남았다는 듯 너무도 담담한 표정이었다.

이제 침대에 홀로 누워 고독과 주어진 시간과 싸우며 지내실 일만 남은 것인가. 생명을 매듭짓는 일이 마음대로 쉽게 되는 일인가. 손이 닿을 듯 가까이에 있는 하늘나라에 가서 날개를 펴고 훨훨 나는 꿈을 꾸시는 걸까. 아니면 지나간 삶의 긴 터널 속을 하나하나 되짚으며 아쉬움을 달래고 계신 걸까. 가끔은 "내가 왜 아직 안 죽니?"라며 묻기도 하고, 또 어느 날엔가는 "병원에 가면 내가 두 발로 일어나 걸어 나올 수 있을까?" 묻기도 한다. 늙고 병들어 죽는 생물학적 이치에서 벗어날 수 없음을 모르는 분이 아니다. 굳이 외면하고 싶지만 이는 누구에게도 마음대로 되는 일이 아님을 안다. 주어진 시간이 유한하다는 사실에는 변함이 없는 것이기에 곧 포기 하고 "아니다. 하늘로 가는 길이 제일 낫다."며 자신의 노욕을 부끄러워하는 눈치였다.

모르긴 해도 당신의 위치와 갈 곳을 정확히 잘 알고 계신 분이다. 단 한번 뿐인 인생이라는 여행길은 준비 없이 시작하여 연습도 못하고 떠나가야 한다. 인간은 죽음으로 향하는 존재인지라 어느 나이가 되면 사는 것은 오늘 자신의 존재를 내일로 연장하는 것에 불과한 일이 된다. 그것이 지금 어머니의 모습이다. 너무 오래 살아 자식들에게 폐가 될까 아프다는 말도 못하는 나날을 보내고 있지나 않을까 마음이 쓰인다.

나는 기원한다. 아니, 나는 믿는다. 어머니가 천수를 누리고 어쩔 수 없이 기력이 쇠진하여 저절로 여러 기능이 자연히 멈추는 그날이 오면 하늘의 환대를 받고 기쁘게 그 품에 안기게 될 것을. 매미가 허물을 벗듯이 훨훨 벗어 던지고 새 옷으로 갈아입고 떠날 것이다. 이 티끌 같은 세상을 탈출해서 영원한 자유인이 되어 날아가겠지. 이승에서의 가장 좋았던 시절, 나빴던 시절까지도 다 잊고 자유로이 하늘 가까이에 도달하는 날, 그 날엔 40년 전에 떠나신 아버지가 미소 가득한 얼굴로 마중 나오시겠지. 두 분의 오랜만의 해후. 더 할 수 없는 행복일 것이다.

'어머니, 이제 저의 말을 들어 보세요. 혼신을 다해 경주를 끝내고 결승점에 다가서는 어머니십니다. 이 세상은 잠시 앉아 두 손에 불을 쬐며 쉬어 가는 곳이라고 합니다. 그래서 불길이 사그라지면 미련 없이 일어나서 떠나야 한다고 합니다. 어머니가 하늘 가까이에 닿는 날은 슬픈 이별이 아닌 기다림이 있는 기쁜 날이라는 것을 잊지 않으셨으면 합니다.'

나는 기도하듯 어머니를 향해 입속으로 나직하게 헤어짐의 이야기를 하고 있었다.

이제 오로지 아버지와 같이 하기만을 염원하는 어머니의 그 마음이 애처롭기만 하다. 안쓰러운 마음을 어쩌지 못하고 어머니의 손을 한없이 쓰다듬어 본다. 흡족한 자식이 못되어서 후회스럽고 머지않아 떠나시는 마당에 무엇을 해 드려야 할지 몰라 안타깝다. 어느 날 정말 갑자기 자식도 다 필요 없다는 듯 떠나가실 것만 같아 두렵다. 정말로 떠나신다면 그 상실감을 어찌 감당할지 앞이 캄캄할 뿐이다.

'아버지! 아버지께서 어머니와 해후의 날을 서두르지만 않으신다면 내가 잡은 어머니의 손을 오래오래 놓고 싶지 않습니다.'

'어머니! 어머니가 우리 곁에 함께 계셔서 감사합니다.'

어머니께 올리는 글

어머니! 저희는 지금 어머니와 함께 예전처럼 편안한 대화를 나누고 싶은 마음으로 아버지, 어머니 영전 앞에 서 있습니다. 오늘은 그간에 있었던 이런저런 얘기를 들려드릴 터이니 귀 기울여 들어주세요.

어머니와의 이별은 이제 57일을 마주하게 됐습니다. 그동안 모든 청운동 식구들은 가던 길 멈추고 어머니의 부재를 가슴 깊이 느끼며 슬픔을 함께 나누었던 시간이었습니다. 곱게 새옷을 입고 떠나시려는 이별의 순간 우리 모두 가슴으로 흐느꼈고, 또 억누르지 못해 소리 내어 울기도 하였습니다. 지금 생각하니 40명가량의 가족에 둘러싸인 어머니는 천하를 다스리다 숨을 거둔 여제처럼 당당하셨습니다. 어머니의 생애로 쓰신 한 권의 책을 펼쳐 보여주시는 경이로운 순간으로 기억됩니다. 어머니의 날개에서 떨어져 나온 우리들은 그 허전함을 있는 힘을 다해 이겨내야만 할 것 같습니다.

장례식장에는 어머니의 평생 버팀목이 되었던 두 오빠와 윤수의 친지들이 많이 참석해 꽃길을 떠나시는 어머니를 배웅해 주었습니다. 미국에서 서둘러 여애 부부와 명희가 도착했고, 기철이와 주섭이도 바쁜 일정을 미루고 귀국해 장례에 참석하였습니다. 어렸을 적부터 각별한 사랑을 받아왔던 주찬이는 영정사진을 가슴에 안고 머무셨던 청운동 집을 돌며 추억과 눈물로 할머니를 그리워했습니다.

이제 우리는 일상으로 돌아와서 어머니의 말씀을 되새기고 있습니다. 어머니는 우리에게 바른 행실과 최선을 다하는 사람이기를 누차 강조하셨습니다. 평상시 각자의 행동이 곧 스스로의 모습을 비추는 거울이라는 것을 일깨워주신 것으로 알고 있습니다. 어머니의 발자취를 따라가기 위해서는 사랑과 삶의 의미를 깨닫고 그 정신을 열심히 이어 나가야 할 줄 압니다. 어머니, 우리 모두를 잊지 않고 기억해 주세요. 우리 또한 영원히 어머니를 사랑하고 그리워할 것입니다. 아버지, 어머니, 저승에서의 영원한 행복 누리시기를 기원합니다.

아침 해를 바라보며

요사이 우리 부부가 나누는 대화의 소재는 주로 하늘과 구름이다. 정원을 돌보며 살던 집을 떠나 이곳 언덕배기 높다랗게 자리 잡은 아파트로 이사 온 후 시작된 일이다.

아침이 밝아올 무렵, 혹은 저녁 해질 무렵 창밖에 펼쳐지는 파노라마 앞에 서면 우리 둘은 어린아이와 같이 마음이 들뜬다. "창밖을 봐요." 소리치면 남편은 부랴부랴 카메라를 챙긴다. 창문을 열어젖히고 화인더에 집중하며 초점을 맞추는 동안에도 하늘과 구름은 만 가지 조화를 부리며 피사체의 역할을 훌륭히 연출해 낸다. 남편이 그리도 정을 쏟으며 돌보았던 정원의 나무들과 철따라 여기저기서 고개를 내미는 꽃들과는 이제는 먼 발치의 이웃이 되고 말았다. 사진 찍기의 시작은 그를 또 다른 인생항로로 이어주는 듯하다. 아침저녁으로 찍어낸 사진들과 산행에서 찍은 사진들을 컴퓨터에 저장하여 자신의 멋진 블로그를 탄생시키는 일에 온 종일 시간 가는 줄 모른다.

멀리 보이는 대둔산 너머로 손톱만큼 빼꼼히 솟아나는 해는 빠르게 떠올라 흡사 우리 부부가 매일 먹는 사과와 같은 모습을 한다. 동트는 아침이면 어디선가 우렁찬 노랫소리가 되어 따사로운 빛으로 주위를 깨운다. 어느덧 해는 중천에 오르고 쏟아지는 햇살에 실눈을 하고 한강 다리 밑의 반짝임에 마음을 빼앗긴다. 이렇듯 또다시 하루의 시작과 더불어 흐르는 물길 따라 지난 세월로 풍덩 빠져든다. 늘 겁쟁이처럼 큰일이라도 날 것처럼 조심스럽게 여기까지 걸어온 삶이 아쉬움으로 가슴을 메운다. 겨우 하루를 끝내고 또 내일을 걱정하는 삶의 연속이었으니 이제 후회한들 무슨 소용인가. 단 한번이라도 정말 신명나게 살아보지도 못한 채 어느덧 노인 대열에 합류한 자신을 돌이켜보며 생각에 잠기고 만다.

깐깐하고 엄격한 선생노릇으로 평생을 살아온 나에게 나긋나긋하지도 너그럽지도 않은 삐죽삐죽한 성격만이 남아 있는 건 아닌지. 자신이 선생임을 증명이라도 하려는 듯 원칙주의만 주장하다보니 융통성 없고 재미없는 인간이 돼버린 건 아닌지.

회한의 기억들이 스쳐지나 간다. 시간이 지나도 지워지지 않고 마음속에 상처같이 남아있는 기억들이 스멀거린다. 남이 보기에는 음악을 업으로 하는 사람이라면 무드도 있고 매력이 넘쳐나리라고 보통은 생각할 것이다. 남편이 옆에서 아쉬운 마음으로 지적을 해주어도 귓등으로 듣고 흘려버리곤 하지 않았던가. 그냥 애써 눈감아 버린 것 같다. 그땐 삶이 나에겐 그리 쉽게 다가오지 않았던 시절이었다. 음악이 나에게 즐거움을 주는 대상이 되어주지 못했었다. 내 미숙함과 얄팍한 지식의 깊이에 대해 부끄러워했고 자신감이 없었다. 둔재를 탓하며 자신을 향해 따뜻한 눈길을 주지도 않았다. 남이 행복해 하는 모습을 경박하게 보았고 걸핏하면 타인에게 날을 세우고 비평의 화살을 날렸다. "그럼, 네 자신은 어떤데?" 하는 자신을 겨냥한 날카로운 시선은 마음을 찌르는 송곳이 되어 되돌아오곤 했다.

이제 나이 칠십 줄에 들어선 지금, 내가 서 있는 시점에서 세상을 다시 바라볼 뿐만 아니라 좀 더 멀리 떨어진 발치에서 자신의 모습을 나름대로 관망하게 된다. 나와 동떨어진 멀리 있는 세상이 아니라 함께 동행하는 세상이라는 사실에도 수긍하며 받아들여야 함을 알아가고 있다. 요즈음 나에게 가장 가까운 친구가 된 책 속에서는 삶을 결코 무겁고 어려운 숙제인 것으로 표현하고 있지 않음을 새삼 발견한다. 오히려 왜 새는

우는지, 또 밤하늘의 별, 들판의 꽃 그리고 어린아이의 눈빛은 왜 그리 아름답게 빛나는지를 끊임없이 들려주고 있다. 예전에 보았던 아름다운 수선화를 상상하며 울렁거리는 가슴을 안고 춤을 춘다는 어느 시인이 읊은 시가 있다. 넘실거리며 지나가 버린 옛 환상들을 되불러오고 싶은 충동과 함께.

지금도 가끔 긴 의자에 누워
마음을 비우거나 생각에 잠길 때면
고독의 축복이랄 수 있는 마음의 눈에
그 수선화들 문득 스쳐가곤 하네
그러면 내 가슴 기쁨으로 가득 차
수선화들과 함께 덩실덩실 춤을 춘다네

- 윌리암 워즈워스

한강이 내려다보이는 책상 앞에 앉아 앞뒤 없이 마음 가는 대로 글을 쓰고 있다. 지금까지 스스로에게 장막을 드리우고 보지 않았던, 혹은 보지 못했던 것들이 서서히 수면 위로 밝은 빛을 띠며 아련하게 가슴으로 안겨온다. 지나간 소중한 기억들, 즉 잃어버린 자신의 한 부분에 대한 그리움을 내 손을 움직여 글로 하나둘씩 건져 올려 본다. 쓰고 또 몇 번이고 다시 읽어 보고 새로 고쳐 쓴다. 그래야 겨우 나의 머릿속에 있는 것을 비슷한 만큼 정리할 수 있다. 공감을 나눌 수 있는 누구를 의식해서도 아니고 그저 자신의 진실한 얼굴을 그리기 위한 글쓰기의 시작이다. 남편은 컴퓨터 앞에서 세상과 잇는 끈을 조금씩 멀리하며 자신의 사진과 마주 앉아있고, 나는 한강을 바라보고 앉아있다. 서로 각자의 본모습을 회상해가며 노년의 외로움을 그렇게 달래려함인가 보다.

4.
웃음의 힘

어느새 '메모로'의 주역이 되어

우리 부부는 어쩌다 보니 영락없는 노인이나 어르신 부류에 속하는 나이가 되었다. 인생 이력에 붙여지는 마지막 호칭은 '할아버지, 할머니'다. 우리 생에서 그 마지막 길에 얻은 호칭 값을 제대로 하려면 어떤 것이 있을까 하는 생각이 늘 가슴 한 구석에 자리 잡고 있던 참이다.

지난 광복절 날, 난데없이 중학교 일학년인 손녀가 할아버지, 할머니에게 '인터뷰'를 청해 왔다. 이것저것 물어볼라 치면 예전처럼 '그냥 그런 게 있어요' 할 것만 같아 그대로 서로 만날 시간을 약속했다. 약속 시간에 세 명의 학교동아리 풋내기 친구들과 함께 "안녕하세요?" 인사를 하며 들어와 소파에 서슴

없이 자리를 잡는다.

"지금부터 저희가 드리는 질문에 답을 해주셔야 해요. 동영상으로 3분 내지 5분 길이의 말씀을 해 주시면 돼요."

손녀의 멘트다.

6·25동란에 대한 경험과 이야기를 부탁 받은 할아버지가 스마트폰 앞에서 긴장한 모습으로 말문을 열었다. 실수를 연발하며 다시하기를 반복하다가 조금씩 얘기의 가닥이 잡혀갈 때쯤, 손녀는 'End' 사인을 보내며 "완전 좋아요. 끝났어요." 한다. 꼬마 감독님의 카리스마가 하늘을 찌른다. 이렇게 할아버지의 임무는 끝나고, 나는 부랴부랴 '인터뷰'의 자초지종을 알아보기로 하고 어린 친구들을 각자 집으로 보냈다.

어르신들의 기억을 '사회 문화유산'으로 삼아 미래 세대에 전달하는 운동이 2007년 이탈리아에서 시작했다고 한다. 그들의 삶의 기억들이 사라지기 전에 모아서 전할 수 있을까 하는 바람으로 탄생한 운동이 '기억의 은행' 즉 '메모로'다. 메모리 헌터(Memory Hunter) 즉 기억 수집가인 젊은 세대가 '위트니스(Witness)' 인 65세 이상의 어르신 중 기억의 목격자를 찾아 과거의 기억과 관련한 인터뷰를 웹사이트에 올려 누구나 볼 수 있게 한다는 취지다. 기억을 남기는 색다를 시도인데다 그분들이 들려주는 이야기가 흥미로웠기 때문에 '메모로'는 곧바로 바이러스처럼 여러 나라로 번져갔다고 한다. 우리나라에서는 수행 평가나 동아리 형태로 처음 2013년부터 학교를 중심으로 시행되고 있는 중이다.

메모로 영상을 찾아 들어가 보았다. 88세 할머니의 동영상이다. 일제 강점기 학생 시절 한국말을 쓰면 '조센꼬'라고 하며 犬(개) 자가 쓰인 푯말을 목에 걸어야 했고, 부끄러워 그 푯말을 품에 몰래 감추고 다녔다는 얘기다. 할머니는 매일 아침 조회 때 일본이 있는 동쪽을 향해 절을 하고 '나는 일본인'이라는 의미의 구호를 외쳐야 했다. 이에 젊은이들은 현재를 있게 해준 뒤안길에 할머니와 같은 분들이 있었다는 생각이 들어 역사관이 생겼다는 반응이다. 더 이상 일본에게 다시 당하지 않으려면 후대에 물려 줄 실력을 키워야함을 뼈아프게 느낄 만한 사례다.

또한 베트남 전쟁 시 위생병으로 참전한 할아버지의 동영상을 보고 '할아버지가 자랑스럽다. 그 시대 어르신들의 삶을 공감하고 이해할 수 있을 것 같다'고 젊은이들은 소감을 밝히기도 한다. 그분들의 기억을 영상에 담는 것만이 아니라 반세기 이상 벌어져있는 세대 간의 연결고리 역할에도 확실한 도움이 됨을 느끼게 한다.

광복 70년 행사가 한창이다. 때맞추어 일제시대 독립 운동가들이 일본 요인과 친일파를 암살하기 위해 목숨을 던져 싸우는 내용의 영화 '암살'이 젊은이들에게도 감동을 불러일으키고 있는 듯하다. 지나간 역사 속에서 아직도 상처를 안고 살아가는 증인이 많다는 사실을 확인할 수 있는 영화다. 또한 위안부 할머니들의 비극에 휘말렸던 상처와 공포를 요즘 학생들이 이해하기는 쉽지 않을 것이다. 영문도 모른 채 성노예로 강제로 끌려간 소녀들은 "가고 싶은 곳으로 가라."는 위안소 관리자의 뻔뻔한 말 한마디로 갈 곳 없이 풀려난 그때가 곧 '해방'이었다고 한다. 그 당시 상황을 어디에 호소하며 응당한 보상을 받을 수 있단 말인가. 삶 그 자체가 증거인 그분들의 여생이 그리 길지 않다는 사실이 더더욱 우리를 안타깝게 한다. 과거를 지켜내려는 의지와 바로 알고 이를 알리려는 노력이 절실하다.

어린 손녀는 아직 할아버지의 이야기를 다 이해하지는 못했을 것이다. 동족상잔의 참담한 6·25를 왜 겪어야 했고, 왜 아직도 남북이 갈라져 대립과 갈등 속에 살아가야만 하는가를. 하지만 그 당시 우리 대한민국이 힘이 없고 국방에 대한 준비나 여력이 없었다는 점을 할아버지는 이야기 속에서 강조했다. 그렇기 때문에 할아버지 세대에 사신 분들은 후대에 물려줄 힘을 키우기 위해 희생과 헌신의 정신을 담아 온몸으로 열심히 살았고 현재의 부를 이루었다는 사실을 알았을 것이다.

시대를 불문하고 경험 많은 어르신들은 평생 터득한 자신의 삶의 지혜를 후손에게 물려줄 사명감을 안고 있다. 그들의 삶의 기억 덕분에 후손들은 시행착오를 덜고 더 나은 생활을 꾸려가는데 도움이 될 것이다. '메모로' 즉 기억의 은행 운동으로 더욱 존경받는 분들이 많아질 것이고, 젊은이들과는 이해와 소통의 길이 넓어질 것을 확신한다. 애국심과 자존감이 넘쳐나는 젊은이들이 이 땅에 많아지는 계기가 되었으면 한다. '잊지 않고, 기억하는 것'이 우리 자신의 모습을 제대로 인식하는데 큰 역할을 할 줄 안다.

어르신들의 적극적인 참여 의사로 세대 간의 반목을 해소하고 역사 인식을 바로 세울 좋은 기회로 삼아야겠다. '메모로'의 운동에 희망을 걸게 한다.

예술의 끄트머리 한 자락을 쥐고

우연히 조촐한 모임에서 피아노를 연주할 기회가 있었다. 오랜만에 청중 앞에 서는 일이라 긴장도 했지만 나의 음악인생을 되돌아보는 계기가 되었고 많은 생각들이 떠올랐다. 더군다나 무턱대고 시작한 나의 글쓰기 공부와 대비되는 흥미로운 여러 점들을 발견했다.

처음 글쓰기를 시작했을 때는 글은 쉽게 써야하고 꾸밈없이 솔직해야 된다는 가르침에 별다른 어려움이 있으리라는 것을 미처 몰랐다. 하지만 글쓰기에 고민이 생기면서 쉽고 솔직하게 쓰는 것이 저절로 되는 일이 아님을 알았다. 글쓰기가 그때부터 무서워지기 시작했다. 하지만 글이 술술 실타래 풀리듯이 풀려나왔다면 오히려 글쓰기에 대한 매력을 진작 잃을 수도 있지 않았을까 하는 생각도 해 본다.

학창 시절 악곡마다 심혈을 기울여 공부할 때가 기억난다. 작곡자 슈만의 여러 삶의 편린들을 악보로 표현한 '어린이 전경'의 마지막 곡인 '시인'의 이미지를 악기의 소리로 그려내야 하는 과제를 가지고 많은 고민을 했던 시기였다. 시인의 고뇌, 과묵함, 절제, 상상력 등을 표현하기 위해 음과 음의 간격, 강약, 음향 등을 조절하는 과정에서 정밀하고 민감한 감각을 동원하여야 했다. 작곡자가 원하는 시인의 영상을 불러내기는 쉽지 않은 일이었다. 마치 배우가 각본대로 주어진 배역을 단순히 연기하는 차원을 넘어 살아있는 생명으로 새롭게 재창조해내는 과정과 같다고나 할까. 좋은 연주를 할 수 있으려면 소리로서 청중의 공감을 얻어내고 시인의 실지 모습을 그림같이 눈앞에 보여줄 수 있어야 한다고 생각했다. 글쓰기에서도 표현하고자 하는 대상의 이미지나 생각을 정확히 살려내 공감을 얻어내는 것과 같은 경우이겠다.

연주가가 힘들고 꾸준한 연습이 필요한 것은 곡과 친숙해지고 명료한 감각으로 남에게 들려줄 수 있는 경지에 달하기 위함이다. 하지만 이런 연마는 어느 누구도 아닌 자신을 위해 자신이 만족할 때까지 고군분투하는 과정이다. 연주에서 요구하는 규범을 익히고 그 과정을 극복하고 나면 드디어 자유로운 표현이 가능해지고 그 후 찾아오는 성취감은 더할 나위 없는 기쁨을 안겨주게 된다.

글을 쓴다는 것도 무턱대고 쓰는 것이 아닐 터. 체험에서 흘러나오는 자신만의 느낌을 하나하나 풀어내어 글로 옮겨야 하는 극히 지적인 작업인 듯하다. 듣고, 보고, 느낀 대상과 몇 백 번이고 내면의 대화를 나눈 뒤 정리된 자신의 생각을 언어로 표현해 내야 한다. 그래서 글 쓰는 사람이나 연주자가 걷는 길은 고달프고 고독하다고 하는 것일 게다. 그 고독한 길은 스스로의 깊은 생각을 통해서 자신의 내면을 키우는 중요한 요소가 되는 것 같다. 음악에서 한음 한음을 쪼고 쪼아서 정밀하게 다듬어 나가듯이 글도 예외 아니게 언어의 선택에 대해 고심하고 문맥의 유지를 위해 숨 막히는 조심성이 필요한 것인가 보다.

글이 난해하고 쉽게 읽히지 않는 경우라면 몇 번이고 퇴고가 필요하다. 글쓰기는 겉치레를 모두 버리고 묵묵히 진솔한 글이 될 때까지 다시 쓰기를 수행해 나가는 작업이다. 너무도 진부한 그렇고 그런 글로 독자의 시선을 끌지 못하는 경우라면 더욱 고민을 해야 할 줄 안다. 즉 자신이 쓰는 글이지만 독자를 만족시킬 수 있는 글이 되려면 어딘가에 발산하는 매력이 돋보이는 글이어야겠다. 음악 연주에 있어서도 청중의 귀를 사로잡지 못한다면 영혼이 결여된 보잘것없는 연주가 되고 만다.

나의 경험으로 볼 때 연주가들은 대부분 악곡 해석에 있어서 속도나 음의 정확성 등에 대해 너무도 엄격하게 따지고 논쟁을 벌이는 일이 잦아 자칫 음악으로 얻을 수 있는 진정한 기쁨을 누리지 못하는 일이 누누이 벌어진다. 글에 있어서도 깊이 들어가 보면 마찬가지가 아닐까 추측된다. 냉엄한 평가에 귀 기울이고 반성해 보는 것도 필요하겠지만 반면 너무 의기소침해지는 일이 없도록 자신을 지킬 수 있는 흔들리지 않는 굳은 심지와 자신감도 필요할 줄 안다. 귀에 편안하고 울림이 있는 음악을 만들고, 부드럽게 읽히고 풍부한 내용을 쓰고 싶어 하는 사람들은 실지로는 스스로를 몹시 괴롭히는 본성을 지닌 사람들이 아닐까 싶다. 하지만 독자들이나 청중들은 대부분 그들의 고민을 눈치 채지 못한다. 아니, 눈치 채지 않도록 하는 것이 그들이 뛰어넘어야 할 기술이란 것이다. 어디까지나 추구하는 것은 자연스러움에 있다. 감동을 줄 수 있는 기술을 터득하기 위해 예술인들은 평생을 바친다. 영혼을 울리는 감동이야말로 모든 예술의 꽃이 되기 때문이다.

음악 연주와 글쓰기의 유사점을 발견하고 어려운 점들을 나열해 보았다. 음악 공부를 할 때와 현재의 글쓰기 공부를 통해 동일한 고민을 하고 있는 나 자신을 발견하면서 어떤 연결선상을 걷고 있다는 느낌을 갖는다. 한 인간으로 이 세상에 태어나 예술을 생각하며 그 끄트머리 한 자락을 쥐고 지금까지 살아가고 있는 자신에 대해, 한편 대견하고 한편 감사한 마음이 들기도 한다. 자신의 능력에 대한 의구심을 떨쳐버리고 순수한 열정을 가지고 노력하다 보면 연주나 글쓰기가 비록 힘은 들지만 동시에 즐거움이 되리라 믿고 싶다. 앞으로도 하루하루가 예술의 기쁨으로 채워지기를 기대한다.

오해와 상처

상처를 손가락으로 건드려 다시 확인하려는 것은 아니다. 엎질러서는 안 되는 물동이를 엎질렀던 후회가 지금 홀연히 다시 기억의 수면 위로 떠오르고 있다. 잘하려고 애 쓰는 제자에게 용기와 희망을 주어야 했음에도 그러지 못했다. 좋은 선생이 되고 싶은 욕심은 있었지만 결코 뛰어난 선생도, 위대한 스승도 못되었다. 아니, 많이 부족한 선생이었다.

"우리 아이가 언제쯤 수업이 끝났나요? 아직 오질 않네요."

조금 전 피아노레슨을 받고 떠난 제자 어머니의 목소리가 전화선을 탄다. 나는 레슨 중이었기 때문에 곧 귀가하겠지 생각하며 대수롭지 않게 여기고 중단됐던 학생의 수업을 계속 했다. 그리고 잊고 말았다. 이런 무심함과 방심이 후에 나를 그토록 가슴에 상처를 남길 줄은 미처 생각지도 못했다. 일주일 후 기다리던 제자는 레슨시간에 나타나지 않았다. 그리고 그다음 주도 마찬가지였다. 무슨 일이지?

공부 잘하는 고교 우등생이었고, 반듯하고 허술한 구석이 한 군데도 없는, 그래서 조심스러웠던 모범생이었다. 한참 후 제자 어머니의 방문을 받고 상상하지도 못했던 이야기를 들을 수 있었다.

"지난번 선생님과의 레슨 때 일입니다. 딸이 연습하고 있는 곡의 CD를 들어봤냐는 선생님의 질문에 자존심이 허락하지 않아 듣지도 않고 그만 들었다고 거짓말을 했나 봅니다. 거짓말을 한 죄책감에 괴로운 마음으로 집에 곧장 오지 못하고 길에서 두 시간을 방황했다고 합니다. 선생님을 다시 뵐 낯이 없다고 하네요."

그리곤 한참 동안 망설이는 모습을 보였다.

"정말 죄송합니다만 다른 선생님에게 레슨을 받도록 허락해주세요. 고민 끝에 딸과 결정하였습니다. 그 길이 아이의 자존심을 되찾아 줄 수 있는 길인 것 같아서요."

거짓말을 하게 된 이유가 자존심이든 아니면, 또 다른 이유이건 간에 제자는 선생을 원망과 미움의 눈으로 보게 된 것이다. 선생으로부터 받은 자존심의 상처가 아물지 않은 채 자책으로 시달리던 제자를 생각할수록 후회로 가슴이 먹먹하다. 지도 선생을 바꿔서라도 자존심을 회복하고 싶다는 제자의 마음은 나를 또 한 번 무너뜨렸다. 최선의 방법으로 덧난 아픔을 아물게 하고 싶었지만 이미 늦은 듯했다. 마음 정리도 못한 상태에서 문제점들을 남기고 결국 그 제자는 내 곁을 떠났다. 더 이상 그 학생을 키울 수 없는 사실과 마주하게 되었다. 아끼던 제자를 잃은 빈 가슴만을 움켜쥘 뿐이었다. 제자의 마음을 살뜰히 챙기지 못한 나의 무심함을 마음 아프도록 느껴야 했다. 지금은 보이지 않을 만큼 멀리 기억 속에서 사라졌지만 제자에게 거부당한 아픔은 내 마음 속에서 한동안 밀려왔다가 사라지기를 반복하곤 했었다.

예능교육의 마당에서 흔히 지적하는 세 가지 요소가 있다. 학생의 재능, 부모의 관심, 그리고, 예민하고 헌신적인 선생이다. 음악적인 재능이 있어도 욕심 많은 부모나 선생의 잘못으로 인해 오히려 강압적인 교육의 희생물이 되어 공부를 포기하거나 사회의 낙오자가 될 수도 있다. 반면 특별한 재능은 없어도 꾸준한 공부를 통하여 문제의 해결점을 깨닫고 그로 인해 얻은 경험으로 삶을 훌륭히 헤쳐 나가는 경우도 흔히 있다.

이미 엎질러진 물이기 때문에 누가 잘했고, 누가 잘못했나를 묻는 것은 무모한 일이다. 선생이 최선을 다하도록 제자를 격려하는 것처럼 제자도 스승에게 열렬한 호응을 보낼 때 비로소 교육의 효과를 볼 수 있다. 그래야 서로의 관계가 돈독해진다. 음악 교육은 마음과 마음을 주고받는 일대일의 개인레슨 방식을 취하고 있기 때문에 동료나 친구 이상의 친밀한 관계가 형성된다. 그래야 비로소 빛나는 사제 관계가 지속될 수 있다. 그 빛나야 할 사제관계가 불행히도 깨졌으니 선생으로서 잘못을 통감할 수밖에 없다.

학생의 부족한 점을 보완해 주고 옳은 길로 설득 시켜나가야 하는 입장에서 일방적인 지시로 제자의 자존심에 상처를 입히거나 오해의 소지를 낳게 했다면 선생으로서 반성의 여지는 크다. 제자의 마음을 어루만져주는 각별한 관심 대신 부족한 점만을 지적한 옹색한 선생이었다면 그 또한 질책 받아 마땅하다. 말로서 설명하고, 몸소 실연으로 가르치려고 노력한 선생이기는 했지만 제자에 대한 인간적인 배려나 따뜻한 마음이 부족했기 때문에 초래된 오해인 듯하다. 돌이킬 수 없는 상처는 누구로 인한 것이 아니라 나 스스로의 결과임을 뼈아프게 후회하게 한다.

살면서 마음의 상처나 그로 인한 울화를 겪는 얘깃거리는 사방에 산재해 있다. 사제지간뿐 아니라 고부관계, 부부관계, 형제지간, 심지어 부모 자식관계에서나 친구 사이에서 오해와 상처는 도처에서 벌어지고 있다. 이 감정을 질질 끌고 다님으로써 삶을 절뚝거리게 한다면 그 자체로도 큰 슬픔이다. 시야가 좁아지거나 속 좁은 사람으로 남고 싶지는 않다. 이미 지난 일이기에 상황을 바꿀 수 없음을 넓은 마음으로 인정하고, 자신의 잘못을 먼저 받아들여 깊게 반성하는 마음으로 밝은 미래를 바라볼 뿐이다.

인생의 어둡고 나쁜 쪽보다는 밝고 좋은 쪽과 손을 잡고 싶은 심정이다. 제자도 나와 똑같은 생각을 하고 화해와 이해하려는 쪽으로 마음을 바꾼다면 천만다행한 일이다. 마음을 어떻게 표현해야 할지 몰라 안타까운 심정으로 화해의 손을 떨리는 마음과 함께 내밀어 본다. 오해와 상처, 균열과 모순으로 멍들었던 마음에 물고가 트여 서로 따뜻한 눈길로 바라볼 수 있을 때까지 노력해야 되는 것이 인간관계인가 보다.

세상에서 사람을 만나 오래 좋아하는 것이
죽고 사는 일처럼 쉽고 가벼울 수 있으랴.

시인 마종기는 이렇게 나에게 귀띔해 준다. 그렇지! 그렇지! 자신을 다독인다.

웃음의 힘

웃음은 백약 가운데 으뜸이 아닐까 싶다. 어떤 자리에서든 밝게 웃는 모습을 싫어할 사람은 없다. 웃음은 곧 마음의 표현이기 때문에 서로의 속내를 털어놓을 수 있는 물길이 된다. 그러니 누구든 웃음에 인색한 사람은 마음속 무장 해제를 하고 활짝 웃는 습관을 키워나가면 어떨까.

오래전 독일 유학 시절에는 웃는 낯보다는 찡그린 얼굴로 지냈던 시간이 더 많았다. 외국생활에서 겪는 언어 장벽과 동양인으로서 서양음악을 공부한다는 특수여건 때문에 생활은 쉽지 않았다. 모든 것이 야심만만해야 할 나이에 신명나는 일을 찾지 못했다. 남은 것은 얼굴에 드리워진 어두운 그림자일 뿐,

학업의 능률도 오르지 않았다. 나의 음악 인생을 좌지우지한 가장 중요한 시기이기도 하였지만 또한 힘든 추억을 남기기도 했다. 간간이 아름답게 기억된 추억들 속에서도 나에게는 유쾌하지 못한 에피소드 한 컷이 유독 뇌리에 남아있다.

유학 시절 내가 머물던 기숙사에는 각국의 유학생들이 모여 살았다. 그중 나와 일본인 두 명만이 동양인이었다. 그 일본인 유학생은 활달한 서양인과는 달리 밝은 표정 대신 늘 '애매한 미소'를 머금고 있었다. 특히 그 일본 학생의 웃음은 상대방을 의식한 가식적 웃음이었고 정말로 즐거워서 웃는 경우는 적은 듯했다. 같은 동양인으로서 수줍음 많은 나와 크게 다르게 비춰지지 않았을 것이다. 문제는 그가 일본인이라는 사실 때문에 불거진 일이었다. 기숙사의 다른 학생들은 그 일본인의 웃음을 '이상야릇한 미소' 즉 '재페니스 미소'라 부르며 거리를 두고 뒤에서 수군거렸다. 당시는 2차 세계대전의 주범인 일본에 대한 좋지 못한 감정이 채 가시기 전이었다. 어느 날 기숙사에서는 그 일본 여학생의 방문을 막아 가두어 놓고 몇 시간을 나오지 못하게 하는 해괴한 해프닝이 벌어지고 있었다. 기숙사 학생들의 이런 행동에는 이유가 있는 듯했다. 전쟁영화에서 보았던 소름끼치는 일본인의 잔인한 미소나 비열한 웃음이 그 일본유학생을 볼 때마다 기억난다는 설명이었다. 속마음을 알 수 없는 미소는 거리감을 더욱 부추긴 듯하다. 당사자로소는 큰 상처로 오래 남을 수밖에 없는 불상사였다.

자신을 터놓고 솔직하게 표현한다는 것, 소통을 통해 타인으로부터 진정한 인정을 받는다는 것이 얼마나 어렵고 중요한 것인지 되씹어 보게 한 일이다. 기숙사 안에서 문화는 서로 다르지만 환한 웃음과 함께 각국의 유학생들과 서로 가깝게 소통을 위해 노력하였다면 상황은 전혀 다를 수 있지 않았을까. 남의 일이 아닌 듯싶었다. 바라보고 있을 수밖에 없었던 나는 이 사건 이후 표현의 중요성을 가슴에 새기게 됐다. 자신의 부족함과 고민을 솔직하게 털어놓고 그들과 어울리는데 신경을 썼다.

방학 때면 독일 친구 집에 초대되어 피아노 연주도 하면서 가족들과 여러 가지 놀이를 함께 즐기기도 했다. 성악 공부하던 브라질 친구의 어머니는 생소한 나라 한국에서 온 '작은 숙녀'에게 예쁜 팔찌를 선물한 적도 있다. 먼 나라 레바논 친구는 가지고 온 귀한 망고과일로 파티를 열어 여럿이 모여 같이 맛있게 먹으며 웃음꽃을 피웠던 기억도 생생하다. 점점 소통에 대한 자신감을 회복하면서 웃음도 찾았고 유학생활의 기쁨도 만끽하게 되었다.

따뜻하고 가슴으로부터 활짝 웃는 웃음이 몸과 마음에 얼마나 큰 역할을 하는지 일일이 열거할 필요도 없다. 고통스러운 순간에도 참고 이겨낼 수 있는 힘이 되었고, 기적 같은 일이 나에게도 일어날 수 있다는 희망찬 생각을 하게 됐다. 웃음은 인생을 부드럽게 굴러가게 하는 윤활유라는 것도 알았다.

웃음이 자신의 삶은 물론 남의 삶도 바꿀 수 있다는 예를 보여준 역사적 위인이 있다. 긍정적이고 솔직한 성격을 가지고 크게 숨기거나 포장하지 않고도 자신을 매력적으로 드러냈던 인물이다. 영국의 재상 처칠이 처음 하원의원 후보로 출마했을 때 그의 상대후보는 "처칠은 늦잠꾸러기라고 합니다. 저렇게 게으른 사람을 의회에 보내서야 되겠습니까?"라고 인신공격을 해댔다. 처칠은 이에 "여러분도 나처럼 예쁜 마누라를 데리고 산다면 아침에 결코 일찍 일어날 수 없을 것입니다."라고 응수했고 연설장은 폭소가 터졌다고 한다. 현명한 사람은 어떠한 상황에서도 웃음과 여유를 잃지 않는 법인가 보다.

'100세까지 사는 사람은 80세까지 사는 사람보다 하루 10배 이상, 60세까지 사는 사람보다는 12배 이상 많이 웃는다.'라는 통계가 나와 있다. 웃음은 우리 몸에 면역력을 높여주는 효과로 작용하기 때문이란다. 나이 들어 점점 더 웃음을 잃어가는 불행을 막기 위해 '一笑一少一怒一老'를 마음에 새기며 웃음 건강법을 챙겨야겠다. 웃음기 머금은 너그러운 노년의 모습은 세상에서 가장 보배로운 아름다움 중에 하나로 인식된다.

남들에게 웃음을 주는 일은 또한 세상을 향한 큰 베풂일 수 있겠다. 웃음이야말로 세상과 소통하는 진정으로 유쾌한 길이라고 믿는다. 한 줄 농담과 깔깔 웃음소리 같이 좋은 음악이 또 있을까. 그러니 남을 웃길 수 있는 이야기보따리 하나쯤 준비해 둬볼까 한다. 다 같이 유쾌한 웃음보를 한 번 터트려보면 어떨까. 웃음도 활짝, 마음도 활짝.

조선족 자매

요사이 한국으로 시집오고, 한국으로 돈 벌기 위해 오고, 한국으로 오는 것이 제일 큰 희망인 외국인이 많아졌다. 그들 중 벌써 밀물처럼 밀려들어온 많은 조선족은 우리와 한 겨레 한 민족인 것은 알고 있지만 그들이 어떻게 살아왔고 또 현재 이 낯선 땅에서 어떻게 살아가고 있는지 큰 관심 없이 그들의 노동력만을 활용하고 있는 건 아닌가 싶다. 그러나 그들은 각자 다른 꿈들을 가지고 이 땅에 발붙이고 살아가기를 원하고 있을 것이다.

조선 말기부터 중국의 척박한 땅으로 이주하여 개척해 가며 살아온 한국인의 후손이 그들이다. 생존권을 스스로 지키기 위해 떠돌아다니며 고단한 삶을 산 사람들이다. 백년 넘게 그 땅에서 살아왔지만 이제 더 이상 그곳에서 살 이유와 희망을 잃은 듯하다. 조선족 자치구에서 조선족이 사라져가고 있다고 한다. 그들은 예나 지금이나 중국 땅에서도 더 변방으로 밀려나는 힘없는 이방인이 되었다.

일자리를 찾아 어렵사리 조국을 찾아와서도 외국인 취급을 받으며 궂은일과 온갖 험한 일거리는 모두 그들한테 맡겨지는 운명을 짊어지고 있다. 5, 60년 전만해도 평생 단 한 번도 자신을 위해 살아 본 적이 없는, 오직 가족의 생계를 위해 희생한 우리 할아버지, 아버지 시대가 이 한국 땅에도 있었던 사실을 상기 시킨다. 조선족들은 지금 이와 똑같은 상황 속에서 발버둥치며 살고 있다. 그들의 단 하나의 희망은 어엿한 한국인으로 대접받을 수 있는 영주권 획득이라고 한다. 그들의 아픔과 좌절을 극복하려면 막노동과 험한 일로 얻은 돈의 힘을 빌리는 수밖에 없는 처지다. 덜 고생하는 사회에 살고 싶다는 욕구 때문에 뼈 빠지게 일하며 모든 걸 참아낸다.

토요일이면 우리 집에 왁자지껄 찾아오는 청소 도우미가 있다. 중국 하얼빈에서 온 '광이 엄마'와 그 언니다. 둘은 늘 유쾌하게 떠들어가며 공사판의 인부를 방불케 하는 투철한 직업의식을 가진 청소부 아줌마들이다. 돈을 나누어 벌겠다며 언니와 같이 대동했다. 내 집은 그들의 작업장으로 변하고 만다. 나는 슬슬 피해 다니기도 하고 잠시 그들에게 집을 맡기고 외출하기도 한다. 그사이 내가 하기 싫은 일을 도맡아 해준다. 화장실이나 부엌 개수대, 하수구까지 그들 손을 거쳐 말끔해진다. 미안하고, 고맙고, 또 안쓰러운 마음이다.

아무리 돈이 좋아도 그런 남의 일이 즐거울 리 없다. 그래도 달다 쓰다 말없이 오로지 내 일이라 생각하는 그들은 여자의 몸으로는 벅찰 수밖에 없는 온갖 힘든 노동을 경험했었기 때문에 고마운 일자리라고 생각하는 듯하다. 처음에는 어두운 운명을 받아들이며 이겨내기 위해 마음의 큰 갈등을 겪었을 것이다. 꿇어 앉아 마루를 닦는 모습을 훔쳐보면서 가여운 마음에 무어라도 주고 싶어진다. 케이크 조각도 내주고 냉장고에서 마실 것도 마음껏 꺼내 먹을 것을 권하기도 한다. 궂은일을 시켜놓고 혼자 호의호식하는 뻔뻔한 모습으로 비치지나 않을까 하는 걱정을 떨쳐버리지 못한다.

10년 전 두 자매는 꿈을 안고 한국 땅을 밟았지만 돈벌이는 고사하고 빚만 지고 되돌아갔다고 한다. 7년 만에 다시 돌아와 조선족 도우미로 살고 있는 의좋은 자매다. 20년 전 만해도 그들이 찾은 조국은 그들을 외국인으로 취급했고 까다로운 법의 저촉을 받는 가운데 가난하고 염치없는 사람으로 폄훼 되었다고 한다. 험한 일거리는 모두 그들에게 맡겨 놓으면서도 대놓고 무시하는 그들을 향한 사고가 아무런 저항 없이 자연스럽게 횡행했었다고 한다. 이 땅에서 받은 그들의 상처들이 아직도 마음속에 아물지 않고 있는지도 모른다.

폐허에서 시작해 고통을 겪고 여기까지 온 같은 민족으로서 우리는 그들을 의심하고 차별하는 대신 그들의 고통을 덜어주지는 못하더라도 과거 우리가 겪은 어려웠던 시절을 깡그리 잊은 듯 행동해서는 안 될 일이다. 우리도 한때 지겹도록 현실적인 고통과 어려움에 맞닥뜨려진 삶을 살아온 어르신들을 기억해야 한다. 안위와 자부심을 얻기까지 한 백년의 역사를 몸부림치며 겪어낸 우리 윗세대의 어르신들이다. 지금 우리가 같은 길을 걷고 있는 조선족들을 이해하고 용기를 줄 차례다. 돈이 다가 아니다. 어머니처럼 어질고 넉넉한 품으로 그들을 품을 수 있는 큰 아량을 보여주어야 할 때다. 어려움 속에서도 가슴 따뜻하게 하는 소중한 가치들을 그들이 이 땅에서도 느낄 수 있도록 인정을 보여줄 때다. 인격적인 대우를 받았다는 것을 느끼게 해주고 싶다. 자신들이 홀대 받는 조선족이라는 자격지심을 빨리 잊고 진정한 한 민족임을 사실로 받아들일 때가 곧 오길 바란다. 스스로의 노력으로 현실과 희망의 간격을 점차 좁혀갈 수 있는 용기야말로 그들이 필요로 하는 것이겠다.

유쾌하고 구김살 없이 열심히 일하는 광이 엄마와 언니가 중국에 사는 가족들과 다시 합쳐 이 땅에서 뿌리를 내리고 행복을 찾아갈 수 있는 날이 오기를, 그래서 그들의 고생이 보상받는 날을 빨리 만났으면 한다.

통일의 희망

1945년 8월 15일 일본에겐 패전이, 우리에겐 해방이 왔다. 그러나 미소 양군이 38선을 경계로 진주하면서 분단의 조짐이 일었다. 이때 황해도 해주를 거주지로 삼고 있던 우리 가족과 그 당시 경기도 개성에 살던 외가 일가친척들이 대거 월남하여 서울에 안착하였다.

서울에서 개성과 해주까지의 거리는 불과 100킬로미터 남짓 하지만 월남 후 우리 모두는 고향 땅을 밟을 수 없는 역사의 소용돌이에 휘말리고 말았다. 6·25전쟁이 발발하면서 대한민국에는 풍비박산된 집안들이 차고 넘쳤다. 북한군에 의해 피살된 딸들, 납북되어 행방불명된 사위들, 피난 중에 병사한 우리 할아버지 아버지들, 생사를 모르는 월북한 아들들, 그리고 죽고 죽이는 일들이 일상이 되었던 시대를 겪어냈다. 가족뿐만 아니라 고향을 잃은 실향민들이 반쪽짜리 나라에서 반백년이 지도록 살아오고 있지만 통일의 길은 아직 요원한 듯하다. 우리 민족이 겪은 끔찍한 고통과 상실에 대한 보상은 오직 하나, 남북통일이다. 꼭 이루어야하는 숙제이자 염원이다.

세살 때 해주에서 어머니 등에 업혀 연평도 해안을 건넜고, 어언 70년이 흘러갔으니 내 나이 70이 훌쩍 넘었다. 나의 어머니는 백수의 나이로 가물가물한 기억 속에서 역사의 증인으로 살아남아 계시지만 친가와 외가의 어르신들은 대부분 타계하시어 이북 옛 땅에 대한 추억은 뉘엿뉘엿 지는 해와 같이 하나 둘씩 사라져가고 있다.

외할아버지는 개성에서 소문난 부자였다 한다. 일찍이 개화하여 여덟 명의 자식을 두었고 그중 두 아들과 딸을 일본으로 유학 보냈다. 더욱 놀라운 사실은 그 시대에 큰아들을 음악인으로 공부시켜 우리나라 서양음악의 뿌리를 내린 선구자 역할을 하였다. 아들을 위하여 개성집의 대청마루를 넓혀 무대로 개조했을 정도라 한다. 서울 집에서도 늘 단정히 비단옷을 입고 생활하였고, 식사 때는 안방에서 독상을 받으셨다. 의식주에 있어서 특별한 안목과 품위를 지니고 집안일을 주관하였던

전형적인 개성 어른이셨다. 정성스레 돌보며 사시던 한옥의 기품과 잘 어울렸던 분으로 기억된다. 풍수지리나 당시의 개성 땅에 대해 많은 이야기를 들려줄 때면 나는 부러움과 호기심으로 자리를 뜨지 못했다. 고향을 생각하는 할아버지의 눈빛에서 나는 간간이 두고 온 고향의 그리움과 다시갈 수 없는 답답한 현실에 대한 노여움을 훔쳐보아야만 했다.

개성 사투리를 쓰고 머리를 곱게 빗어 쪽을 졌던 외할머니는 103세까지 생을 누리셨던 분이다. 개성보쌈김치는 어머니에 이어 현재 나에게까지 전수되고 있다. 정초에 먹는 조랭이떡국은 이제 우리 집 담을 넘어 어디에서도 먹을 수 있는 대중음식이 되어 있다. 또 새우젓과 참기름으로 조리하는 닭요리는 내가 좋아하는 음식이 됐다. 할아버지, 할머니가 그랬듯이 내가 죽기 전 개성 땅을 밟지 못 한다면 고향이야기는 영영 묻혀 잊히고 말 것이 아닌가.

서로 이어진 산과 강줄기가 흐르는 한반도는 이제 빨리 하나가 되는 날을 기다리고 있다. 남북이 하나 되어 서로 마음의 문을 활짝 여는 순간을 고대하고 있다. 이제 갈라져 사는 민족으로서 북받치는 서러움은 더 이상 이 땅에는 없어야겠다. 언어와 역사가 같은 남과 북의 사람들은 갈라설 이유가 없다. 내 할아버지와 할머니의 고향땅에 발을 디디고 서서 억울하게 떠난 이들을 다시 한 번 그리워할 수 있어야 마땅하다.

새해 들어 통일에 대한 논의가 급속히 진전되고 있는 듯하다. 더 이상 최후의 분단국가가 아닌, 평화의 상징이 될 통일국가를 만들겠다는 염원이 가까이 다가옴을 느낀다. 박근혜 대통령이 취임 후 첫 기자회견에서 누구나 진심을 담아 공감할 수 있는 쉬운 말로 "통일은 대박이다."라고 외쳤다. 방송 매체에서 흘러나오는 이 말에 나는 흥분하고 있었다. 70년 분단으로 갈라져 살았던 민족의 동질성이 드디어 회복되고 꽁꽁 얼어붙었던 남북의 냉전이 눈 녹듯 녹아 그야말로 서울과 개성을 잇는 고속도로처럼 뻥 뚫리는 통쾌함을 상상으로 느낄 수 있었다. 통일만 된다면 정말 대박이지 싶었다. 금강산도 백두산도 곧 볼 수 있을 것 같은 기분이었다.

나의 아버지는 황해도 해주에서 지주의 아들로 태어났다. 그래서 소문난 개성의 속칭 만석꾼의 딸과 결혼 허락을 얻어내기는 쉽지 않았다 한다. 일본 유학 바로 직전 외할아버지를 찾아가 담판을 지어 드디어 어머니와 약혼을 성사시켰다 한다. 의외로 외할아버지는 생각같이 완고한 분은 아니었나보다. 옛날 이야기 같이 들리지만 단 90여 년 전의 이야기에 지나지 않는다. 어려운 고비를 넘기고 결혼한 두 분은 그 후 질곡의 세월 속에서도 우리 6남매를 낳았고, 현재 자기 자리에서 각자 자신의 몫에 충실한 대한민국이 일군 일꾼들이 되어 있다. 우리 부모님들은 그 격동의 시대를 살아내며 현재를 이룩했다.

사상이나 의식의 차이에서 오는 남과 북의 갈등은 언제 극복될 것인가. 역사 속에서 들려주는 황진이와 한석봉의 아름다운 이야기를 낳은 고장, 할아버지가 젊은 나이에 전성기를 누렸던 향수어린 곳, 또 할아버지가 들려주신 대로 한때 안정되고 풍요가 넘쳤던 개성 땅을 보고 싶다. 또한 어려서 쫓기듯 떠나온 우리 식구의 잃어버린 본적지 해주를 다시 찾아가고 싶다. 가슴에 품은 나만의 소박한 염원이다.

'대박'의 통일이 곧 현실이 될 날을 학수고대하면서 지금부터 또 8, 90년 후에는 이 땅에 어떤 다른 세상이 펼쳐질지를 상상하니 사뭇 가슴이 벅차오른다. 통일에 대한 낙관론과 고향을 향한 나의 희망도 함께 날아오른다.

행복의 의무

가끔씩 실 끊어진 연처럼 의지할 곳이 없어 마음은 안정감을 잃고 흔들릴 때가 있다. 이럴 때는 외로움과 슬픔이 걷잡을 수 없이 밀려와 한참 동안 울적한 기분에 떠밀려가기만 한다.

좀처럼 만족하기는 어렵고 비어있는 듯한 삶을 살아가며 자신조차도 자기가 누구인지 알 수 없을 때가 종종 있다. 무엇인가에 의지하며 가누기 어려운 마음을 달래고 위안을 받고 싶어진다. 발길이 뜸했던 성당을 이럴 때 찾는 것은 나의 부끄러운 충동 행위 중에 하나다. 아무도 몰라주는 마음을 알아주는 하느님이 있다고 믿어서도 아니고 그저 성당의 조용하고 엄숙한 분위기는 나를 편안히 가라앉혀주어 세속으로부터의 도피가 되기 때문이라고나 할까. 이때는 무언가로 서성이며 살아온 일상이 잠시 안정감을 찾는다. 스테인드글라스 창으로 비쳐드는 은은한 햇살이 따듯한 느낌으로 전해오면 머리가 한결 맑아진다.

미사 중 '믿습니다'라고 고백을 할 때에는 또다시 나는 당황과 죄의식에 사로잡힌다. 도대체 무엇을 믿는다고 하는 것인가? 내가 왜 이곳에 와있는가? 이런 저런 생각으로 마음은 다시 흔들리고 머릿속은 복잡해진다. 꽤 오래전 베로니카라는 세례명을 받을 때 내가 거듭나기를 바랐던 교리담당 신부님은 영세를 받은 후에 신앙심이 더욱 좋아질 거라는 희망적인 얘기를 해 준 일이 있었다. 하지만 그 후로 어영부영 교회의 규율을 어겨가며 성실치 못한 신앙인의 모습을 하고 있다.

아직도 성당 안에서 쓰는 어휘들은 생소하고 늘 안개 속을 헤매고 있는 느낌이다. 믿음은 신의 선물이라고 하는데 왜 나한테는 오지 않을까? 교회 안에서 많은 신도들이 혼연일체가 되어 깊은 침묵으로, 때로는 우렁찬 목소리로 하느님을 찬양하는 광경을 보면서 그런 행동을 가능하게 하는 신앙심에 놀라곤 한다. 부러움을 안고도 마음으로 동참하지 못하는 내 자신이 오히려 이방인인 것처럼 느껴질 때가 많다.

하느님은 우리의 알팍한 지성으로 파악되는 존재가 아닌 듯하다. 마음으로, 영적으로 하느님을 만나는 것이 신앙이라면 육안으로 보는 것 이상을 볼 수 있는 마음의 눈이 필요한 것 같다. 탱화나 불상을 보면 석가모니의 이마 한가운데 보석이 박혀 있는데, 이는 마음의 눈을 형상화한 것이라고 하는데 나의 마음의 눈은 어디에 있는 것일까.

이승에서 서로 사랑하고 도와서 더 나은 삶을 살다가 저승에서 행복을 누린다는 이 간단한 믿음을 따르지 못하겠다는 것도 아니다. 간단하면서도 쉽지 않은 것이 신앙생활이라는 것인가. 어린아이 같은 순수하고 단순한 마음으로 돌아가 무조건 따르고 순종한다면 하등 어려울 것도 없을 듯도 하다. 하지만 마음에 들지 않는 부분이 있다고 하여 신앙생활을 허투루 하거나 마음을 다하지 않으면 교회의 공동체생활에 큰 의미를 느낄 수는 없는 것 같다. 신앙도 열심인 자에게 복이 있다고 하지 않는가.

독일 작가 헤세는 그의 시 「행복의 의무(Being Happy)」에서 삶에 있어서 사람의 의무 중에는 행복 이외의 다른 어떤 의무도 없다고 말하고 있다. 행복할 때만이 사람은 선해질 수 있고, 내적 자아의 하모니를 이뤄 공동체에 대한 사랑 즉 이타심을 키울 수 있다고 말한다. 그렇게 하여 세상은 질서로 나아가는 것이라고 읊는다. 행복의 빛을 찾아가는 여정이 곧 삶이라는 이야기로 이해된다.

선한 사람이 선할 수 있는 것은 행복해서입니다.
마음에 조화가 있기 때문입니다. 달리 말하면, 사랑하고 있기 때문입니다.
이것이 세상의 규칙, 단 하나의 규칙이었습니다.
예수도, 부처도, 헤겔도 그렇게 가르쳤습니다.
모든 사람들에게 있어 세상에서 가장 중요한 한 가지는 자신의 마음입니다.
즉, 그의 영혼, 사랑하는 능력입니다.

- 헤르만 헤세(Hermann Hesse)

자연의 일부인 인간은 끊임없이 변하는 존재로서 그때그때 숙명에 순응해나가도록 되어있다고 본다. 신앙인들은 언제나 위안과 안식을 선물로 받고 산다고 믿는다. 또 그 믿음 때문에 인간의 착한 본성이 유지될 수 있다지만 여전히 인간이기에 불완전하고 흔들리는 약한 존재로 남는 것도 사실이다.

행복은 신이 공짜로 내리는 선물이 아니다. 자신이 갈고 닦아서 얻는 것이라고 믿는다. 자신의 목소리에 따라 한 발 한 발 행복을 향해 걸어가는 것이 인생이 아닐까. 누군가 '인생은 던져지는 물음에 하나씩 답해가는 과정'이라 말했던 것처럼, 있는 그대로를 포용하는 지혜로운 삶의 자세가 그 답이라 생각한다. 스스로 다스리고 가꾸어서 행복의 샘을 지키고 싶은 나의 마음을 고백한다.

목요수필반과의 만남

신세계 본점 문화센터에 도착하여 두리번거리다 G반을 물어 찾아 들어갔다. 한 쪽에 커피잔들이 나열돼 있었고 열 명 정도의 문우들이 앉아 담소를 나누고 있었다. 그 누구도 나에게 특별히 관심이 있는 것 같지 않았다. 외롭기도 했지만 한 편으로는 다행이라 생각하며 고맙기까지 했다. 모두 나에게 시선이 쏠렸다면 아마 나는 애초에 겁을 먹고 들어갔던 교실이라 감당하기 어려운 부담감이 있었을 것이다. 초면에 내 자신을 드러내는 서먹함은 되도록 피하고 싶었다. 관심의 중심에 서는 것은 원치 않는 성격이다.

무모하게 찾아든 수필반에서 과연 살아남을 수 있을까. 지뢰

밭을 밟는 듯 조심스러웠고, 마음이 무거웠다. 글쓰기에 도전한지는 얼마돼지 않았지만 날이 갈수록 자신의 내면을 그려야 하는 작업에 자신감을 잃어가고 있었다. 그러나 시작한 것을 포기하고 싶지 않다는 두 갈래 마음으로 방황하고 있을 즈음이었다.

수필반에 등록하게 된 동기는 어쩌면 다른데 있었는지도 모른다. 학창 시절 줄곧 같이 붙어 다니던 친구가 돌연 나를 내팽개치듯 미국으로 이주하고 말았으니 그 허전함을 어떻게 보상받을 수 있을지 막막했다. 생활이 피폐해지는 것이 두려워졌고 할 수 있는 일을 찾기로 작심했다. 자신을 위로할 무엇인가가 절실했다. '내 손 안에 남는 것은 무엇이 있을까?'를 생각하며 며칠을 견뎠던 나날이었다.

오창익 교수님의 등장으로 흐트러졌던 반의 분위기는 반듯해졌고, 느닷없이 나의 이름이 호명되니 가슴이 조금씩 뛰기 시작 했다. '미인이시네요' 하는 서비스형 멘트를 날리신 후 수필반의 성격에 대한 설명이 이어졌다. 그때야 비로소 원하던 곳을 찾아왔구나 하는 안도의 숨을 쉴 수 있었다. 글쓰기는 외로운 작업이어서 누군가 자신의 글을 읽어주고 관심과 정성으로 평가해 준다는 것은 정말 고마운 일이다. 교수님이 수정해 주는 몇 마디로 문우들의 글이 한결 빛나는 걸 지켜보면서 역시 배움이란 평생 같이 할 필요한 덕목이라 느꼈다.

교수님이 쓴 자작수필집을 받아 읽기 시작했다. 자신을 돌아보는 일에 세심한 마음가짐이 필요하다는 가르침이 있었다. 비단결 같은 문장이나 섬세한 마음결을 닮고 싶었고 부러움이 일었다. 자신을 돌아보고, 자신과 열심히 이야기를 나누고, 다짐도 하다보면 훌륭하지는 못하더라도 본인과 비슷한 생김새를 한 소박한 글이 잉태될 것이라는 기대감을 안게 되었다. 이렇듯 목요수필반과의 인연은 이어가게 될 것이다.

등단 소회

창작수필 송년 가족모임에서 등단패 수여식이 있었다. 선배 문인들의 뜨거운 환영과 격려의 박수를 받으며 입장한 새 등단 식구들 중에 나도 포함돼 있었다. 나의 이름 석 자 뒤에는 '창작수필 문인. 피아니스트'라고 활자화돼 있어 놀랐다. 순간 당황했다.

어디에서 무엇으로 존재하다가 여기 이렇게 와 있는 걸까. 스스로 신기하게 생각되었다. 과연 나에게 어울리는 자리인가? 나의 경력에 문인이라는 액세서리가 가당키나 한 것인가? 이 상황을 자연스럽게 받아들이려면 얼마마한 시간이 필요할까? 과연 그런 자격을 갖추려면 어떤 과정이 있어야 하는 걸까?

생각들이 꼬리에 꼬리를 문다.

피아노선생 생활이 끝날 무렵 별 생각 없이 우연한 기회에 글쓰기에 입문하게 되었다. 순간순간 문맥이 막혀 두드려도 열리지 않는 문 앞에서 갑갑함과 좌절감도 컸다. 그래도 비굴하게 포기하고 싶지 않은 마음 때문에 여기까지 왔다. 몇 편 안 되는 나의 작품을 가끔 읽어 볼 때가 있다. 기분에 따라 애정이 가기도하고 봐 줄만 하다고 생각되다가도 갑자기 다 버리고 싶은 심정이 되기도 한다.

이렇듯 글쓰기가 나를 괴롭혀도, 아니 괴롭히면 괴롭힐수록 나의 앞날은 글쓰기와의 짝사랑으로 이어질 것이라고 단언 짓는 자신을 발견한다. 글쓰기는 곧 생각하기라고 믿는다. 생각 없는 삶이 무슨 의미가 있겠는가. 생각이 말이 되고, 말은 행동이 되고, 행동은 현실이 된다고 믿는다. 늘 세상이 만만치 않아 어깨를 웅크리고 '못한다. 안 된다. 싫다'라는 푸념만 했고 자신을 가두어 놓은 채 긍정적이지 못한 생각의 포로이었든 것 같다. 이제 어깨를 펴고 생생한 한순간 한순간을 위하여 세상을 내 안에 끌어안고 싶다. 그래서 진실로 아름답고 그리운 것들과 만나고 싶다. 글쓰기를 통해 세상을 만나는 길이 되었으면 좋겠다.

피아니스트로서의 삶은 이제 마지막 구간을 지나고 있다. 더 이상 연마를 통한 음악적인 발전에 연연할 생각은 없다. 요사이 아무 욕심 없이 피아노 앞에 앉으면, 자연스럽게 마음에서부터 흘러나오는 음악의 따스함을 느끼는 순간들이 있어 나를 정화 시키고 즐거움을 준다. 순간에 갖는 행복의 맛을 느낀다. 젊은 나이에는 음악을 인간의 한계에 도전하는 기교라고 생각하며 음악이 주는 즐거움을 마음껏 누리지 못한 시절이 있었다. 기교의 완벽함은 불가능한 것이라는 사실을 인정하기 싫어 자신을 힘들게 했던 시기였다. 당연히 괴롭고 넘지 못 할 목표를 세워놓고 스트레스 속에서 지냈던 기억이 떠오른다.

지금은 부족하지만 내 두 손으로 음악을 깊게 즐길 수 있다는 그 자체로 큰 만족을 느낀다. 미의 세계를 자기 안에서 발견하게 되는 자그마한 희열을 알기 때문이다. 알게 모르게 음악에 헌신한 그동안의 노력의 결과라고 생각하니 힘들었던 자기와의 싸움이 곧 약속된 성장이 아니었나 싶다. 이제 즐길 수 있는 위치에 와 있다는 사실을 기쁘게 인정하고 싶다. 자신을 알고 겸허히 욕심을 내려놓은 결과가 아닌가 싶기도 하다.

글쓰기를 시작한 이 시점에서 앞날은 어떤 경험을 낳게 될지 모르겠다. 쉽지도 즐겁지만도 않았던 나의 음악인생과 비슷한 길이 되지 않을까 싶다. 내 인생에서 새로운 또 하나의 문턱 앞에서 있는 기분이다. 글 쓰는 기쁨에 실지로 빠져보는 경험을 많이 가지고 싶다. 음악이 자석 같은 힘으로 여기까지 나를 이끌어 왔듯이 현재의 시선으로 주위의 따뜻한 인간애를 내 글에 채색하고 싶다. 세상의 이야기가 자연스럽게 지면을 채울 때까지 쓰고 또 쓰고 싶다. 여태까지 자신만을 바라보고 피아노에 갇혀 살았던 생활을 잠시 내려놓고 그동안 미처 보지 못했던 세상을 향해 시선을 돌리려한다. 어느 화가는 '나무는 선한 것들의 꽃'이라고 했듯이 세상의 선한 것들을 볼 수 있는 나무를 내 안에 키우고 싶다. 가지가 자라 화려하게 피는 꽃을 볼 수 있다는 희망을 가지고 글쓰기에 매진할 것을 약속해 본다.

"자신에게 주어진 일에 전력을 다한다면 만족하는 것은 부유한 것보다 더 나은 재산이 된다."라는 말은 앞으로의 나의 각오를 대변하는 말이라 할 수 있겠다.

번 역

번역자는 배역을 맡은 배우와 같다.
또는 악보를 해석하여 연주하는 연주자와 같다.
- Liesl Schillinger(미국의 영문 번역가)

번역자의 고민은 늘 눈앞에 보이는 글자들과 쉽게 보이지 않는
저자의 의도를 오가면서 균형을 찾는 것이다.
- 김여애(미국거주 편집자 및 번역가)

*영문 번역을 위해 애써준 동생 여애에게 한없는 고마움을 전한다.

Converging Currents

Young Kyung Noh(2016)
Translated by Yer-ae K. Choi

Very young, my two sisters and I learned how to play the piano, as it was our mother's wish that we be exposed to music at an early age. Her wish for a life of culture for her three daughters no doubt played a seminal role in our choice of careers in music, fine art, and literature. Not entirely aware of the challenges that might lie ahead, we had fearlessly embarked on our separate paths.

The youngest of us, Myong-Hi, became a painter and chose to share her life with a painter. Working side by side, each has produced a distinctive body of work, garnering wide critical acclaim. A recent publication, Converging Currents, narrates the story of the couple's remarkable artistic journey. By no means a flashy biography of artists renowned for their wealth and fame, it is a fitting tribute to their outstanding achievements. In his introduction, the biographer, In-ha Park, recounts his initial reaction to their story: "I was captivated by the humility and courage with which they made their way through the strong currents cascading between New York and Kangwon Province." Beginning his narrative with the happy childhood Myong-Hi spent in Seoul, Park traces her subsequent years as an art student in the United States, followed by her marriage to Tchah-sup Kim with whom she negotiated the ups and downs that emerging artists must inevitably face.

Converging Currents, as if in a series of snapshots, brings to life the dynamic story of Myong-Hi's life, focusing mainly on its exterior events. Throughout the book, a nuanced examination of the artist's inner life remains somewhat elusive. Perhaps for the same reason that it is simpler to appreciate a flowering tree than to examine the soil that has nourished it, Park does not attempt an in-depth exploration of the artist's interior landscape. He pays scant attention to the doubts and uncertainties that Myong-Hi must have struggled to overcome as she lived an uncharted, unpredictable life of an artist, and they are hidden from full view.

When I consider the course of Myong-Hi's life and her remarkable career, I feel tremendously proud. Alongside great pride, however, I feel something akin to pain, and I have often wondered about the source of my mixed emotions. Is it simple sisterly concern for the arduous life a younger sister has chosen for herself, or is it empathy gained through the lens of my own struggles as a pianist, a fellow artist?

The most productive period of Myong-Hi's artistic

career took off when she decided, partly due to her husband's failing health, to leave New York to settle in the remote village of Naepyungni in northern Kangwon Province, Korea. In the silence of an abandoned school building surrounded by overgrown nature, she sought to reach deeper for the true meaning of her art. She dug a well and planted a tree, as it were, and waited patiently for the birds to arrive.

Not given to many words, Myong-Hi would sometimes talk about the feeling of emptiness and restlessness that comes over her when she is not painting. I imagine that a painter standing before a blank canvas bears an affinity to the pianist looking at the black musical notes on a white sheet of paper. They both realize that they must brace themselves for the birthing pain of artistic creation. As a pianist, the moment I open a musical score, I feel the rising tension in my body and mind in preparation for the rigor of deciphering the composer's intent, followed by the grueling practice sessions that, I hope, would help me recreate the intended sound. My sister, as a painter, must likewise confront a blank canvas with similar dread and anticipation, straining to hear her inner voice. For both of us, the act of artistic creation exerts a powerful, mysterious pull, and to the extent that I understand her quest for the inner creative voice, I also share the accompanying pain.

Perhaps it was this quest that had prompted Myong-Hi and her husband to leave the cacophony of New York behind for the silence of Naepyungni, a tiny village tucked away in the mountains. In this remote village, they discovered an abandoned school building where local children used to come to learn their daily lessons. It was a space of absolute stillness where time seemed to have stopped. Here Myong-Hi battled with loneliness, waiting with prayerful patience to hear the voice that seemed all but inaudible.

Months passed. Myong-Hi waited. Then, one day, as she stood before a chalkboard in the empty schoolroom, the voice she had been waiting for rang out in all its clarity. Her heart exploding with indescribable joy, she quickly picked up a piece of oil pastel and began to sketch the image that fleetingly crossed her mind—the faces of the children who once studied and played in the very same room. As she would recall later, it was a magical moment for her, a moment of rebirth when the children whom oblivion had long claimed came to life before her very own eyes. This remarkable experience stayed with her, giving impetus to her prolific output that followed. The art world soon took notice of her chalkboard paintings of these schoolchildren.

One of Myong-Hi's works, titled "Summer," hangs on a prominent wall in my apartment in Seoul. An oil pastel on chalkboard, it is a realistic recreation of an outdoor scene behind the school building. In natural, unexaggerated colors, it captures the vitality and lushness of summer, which never fail to wipe away the quotidian dust from my eyes. The dark tree branches against the blue sky find their reflections on the pond's calm surface, and the shiny green leaves of the climbers catch the sunlight, throwing tiny sparks into the water. Standing before the painting, I sense the artist's gratitude for the season's bountiful gift and am deeply enriched by sharing in it.

Myong-Hi dresses simply, her outfits in nondescript colors. Yet she carries an unmistakable aura that speaks, as do her paintings, volumes about her unique way of seeing the beauty around her. Guided by her singular vision, she has steadily produced a body of work that resonates with the viewing public and art critics alike. Both in New York and at many locations across Korea, she has held solo exhibitions to enthusiastic reception.

I often ask myself what it means to be "creative." Isn't it, at the end of the day, refusing to be discouraged by challenges but embracing them as springboards for going forward? A true artist, therefore, points to someone who has the persistence and courage to build her own fire rather than crouch before a fire someone else has built. Having found the way of the true artist, Myong-Hi walks that path without fanfare.

Naepyungni has now become Myong-Hi's second home, as well as a nesting place where her work is conceived and born. Every spring the fragrant smell of the wild flowers and the sound of the trickling water nearby fill the schoolroom where the children long lost had miraculously returned. The tiny village offers a lasting refuge where she can enjoy daily morning walks with her husband, breathing in the pure mountain air and listening to the birds sing. As a devoted fan, I cheer Myong-Hi and her husband as they continue their amazing journey with courage and humility.

My Hour on the Stage

Young Kyung Noh(2014)
Translated by Yer-Ae K. Choi

Barely three months after my concert, it has already taken on the haze of a bygone event. The nervous tension that had me in its grip all day and the loud applause from the audience have far receded, replaced by everyday routine. At seventy something, the decision to revisit the concert stage had not been easy, requiring considerable courage on my part. The fact that I had given only occasional public performances during my primarily teaching career added to my anxiety. Putting these misgivings aside, I had steeled myself to the prospect of standing on the stage once again.

Full of expectation and perhaps somewhat curious as to what they might witness on the stage, people crowd into the concert hall and take their seats. Then, the instant the hall darkens and the spotlight shines on the performer, the nondescript stage transforms into a special place where the audience and performer engage in an intimate conversation through the language of music. Tension mounts for her, for she is about to give her all, the summation of her endless hours of study and practice. It is a moment when her gift and mastery as a musician are displayed for all to see.

Even the world-renowned pianist Horowitz was known to have suffered from acute case of nerves before being practically nudged onto the stage. Once on it, however, he would morph into an incredible conduit through which the truth once veiled in the music would reveal itself in all its poetic glory. The sound of his music, powerful and passionate at one moment and hushed and tender at another, recreated for his audience the human emotions in all their variety and complexity. A true artist, the epithet "great" followed him everywhere he went.

Waiting backstage, tense and alert, I brace myself for the big moment. On cue I take my first step onto the stage, and the hall erupts into applause. Soon it subsides. My hypersensitive ears and quavering fingers reach for the first, seminal note. There is total silence in the audience, its anticipation almost palpable. I arm myself like a warrior about to enter a mortal combat, the piano my sole weapon. Then little by little, my irregular breathing settles and my rushing mind calms. Finally I feel my music taking flight, beginning to fill the concert hall.

Anything can happen during a performance. A disaster can strike at any moment—a wayward finger slipping off a key or tired eyes momentarily blurring her vision. The pianist's lot is not unlike the warrior's on the battlefield where crushing defeat always looms as a possibility. As in life, she must learn to embrace its limitations and unpredictability.

During a concert performance that typically lasts one-and-half hour, a pianist aspires to recreate the highest form of beauty that life has to offer. With vibrant, passionate music, she is exuberant and daring. With soft, melodious music, she luxuriates in its loveliness. Captivated by the beauty that the music embodies, she yearns to bring her audience along with her through her full-hearted commitment to recreating that beauty. Her moment of greatest success as a performer arrives when she and the audience become one.

Simply put, the aim of my performance was to breathe life into the black notes that lie mysteriously dormant on paper. Now, the notes have long since retreated into their original sleep, leaving behind a fleeting yet indelible mark on the arc of my life. Every now and again, the soundless image of the clapping audience surfaces in my mind, like a scene from a faded silent movie. At these moments, a familiar passage from Shakespeare's Macbeth comes to mind:

> …a walking shadow, a poor player
> That struts and frets his hour on the stage,
> And then is heard no more.

While the passage eloquently speaks to the brevity and futility of human life, it is also a poignant reminder of the preciousness of the "hour" allotted to us "poor players" before oblivion draws the curtain. After all, that hour is all we have in this life and therefore is to be cherished, with all its joys and sorrows. The feeling of emptiness that came over me after the concert as I stood in the middle of the darkened hall with its rows of empty seats, has not yet faded, but my experience on the stage has taught me to hold closer what I value on life's big stage. For this lesson, I feel enormously thankful for the hour I had on the little stage of my own making.

My Mother's Dream

Young-kyung Noh(2014)
Translated by Yer-ae K. Choi

On New Year's Day, as we do every year, our entire family gathered at Mother's place for the ancestral rite. As a token of our gratitude for watching over our welfare, we made an offering of carefully prepared food to our ancestors. Unlike previous years, though, Mother was not present at the ceremony. Approaching the age of one hundred and quite frail, she lacked the strength to join her children and grandchildren in the performing of the ceremonial duties. Until last year, she had stood next to the framed photographs of Grandfather, Grandmother, and Father, watching us, her twenty descendants, pay respects to our ancestors with deep bows. In a small room away from the main living area, she lay on her bed, alone with her memories of those who had long departed from this world.

A few days ago, she expressed a wish to check on the state of the special garment she would wear on her final journey. Under her watchful eyes, I took the garment box out of the chest. Then taking the garment out of the box, I held it up for her to see. After folding and wrapping it in a large piece of pink silk cloth, I put it back in the box. When she saw me replacing the box in the chest, and only then, did she look relieved and content. Her face took on the serenity of a traveler who, save for the actual good-byes, was completely ready for departure.

It has been quite a while since Mother became confined to her bed. I often wonder if the loneliness of the remaining days hangs too heavy on her. How does one tie the final knot of life? Does Mother dream about the next world, so tantalizingly close, where she can spread her wings and fly at will? Or, does she revisit the past events of her long life, one by one? Once in a while, she asks, "Why am I still here?" Other times, she asks, "If I go to the hospital, do you think I could return home walking on my own two feet?" Mother is no doubt fully cognizant of the inescapable progress of human life—the disintegration of old age followed by the inevitability of death. Slightly embarrassed by her momentary forgetting of time's finitude, she answers herself, "No, going to the next world is the best way."

Mother has always had an unerring sense of where she stands and where she is headed. The journey of life happens but once for everyone, however, and it begins without any preparation and ends without a rehearsal. Swept inexorably toward the final exit, one reaches a certain age when life entails little more than prolonging it from one day to the next. That is Mother's life today. My biggest worry is that she might be less than forthcoming with her pains or discomforts for fear of burdening her children with her "living too long."

I hope—no, I know for sure—that Mother, when her time comes, will be greeted by the warm embrace of the next world. Just as the cicada in time sheds its skin and flutter away on its new wings, she will cast off her failing body and fly away in her new garment. Free of this world at last, she will fly to eternal freedom. The memories of this world, both good and bad, will be no more, and when she reaches where Father resides, she will be welcomed by his big happy smile. A reunion after 38 years of separation—can there be greater happiness? As if in prayer I say softly, "Mother, you have run the race of life with all your heart and are now nearing the finish line. This world, they say, is but a resting place to briefly warm one's hands. The dying of the fire simply signals time to move on, without regrets. Keep in mind, Mother, that the day you reach the sky will be a time of happy anticipation, not of sad separation."

Lately Mother often talks about her recurring dream of reuniting with Father. At a loss for words of comfort, I stroke her fragile hand. I feel sad that I have fallen short as a daughter and sadder still that I have no idea what I can do for her during her remaining days. Above all, I feel frightened that she will one day up and leave as if to declare she no longer has any need of her children. Just imagining her absence makes my world go pitch dark. I make a silent plea, "Please, Father, could you possibly wait a little while longer for Mother to join you so I can hold onto her hand a little while longer?" Her hand firmly in mine, I whisper, "Thank you, Mother, thank you for being here with us, for staying."

Mother passed away on November 5, 2016 at age 102. Three days later, she was buried next to Father at a family burial site at the foot of Surak Mountain near Seoul.